AF185949

ULLI WENGER

# THOMAS GOTTSCHALK

— KLEINE ANEKDOTEN AUS DEM LEBEN EINES GROSSEN ENTERTAINERS —

**Bibliografische Information der Deutschen Nationalbibliothek**

Die Deutsche Nationalbibliothek verzeichnet diese Publikation in der Deutschen Nationalbibliografie. Detaillierte bibliografische Daten sind im Internet über http://dnb.d-nb.de abrufbar.

**Für Fragen und Anregungen**

info@rivaverlag.de

Originalausgabe
1. Auflage 2020
© 2020 by riva Verlag, ein Imprint der Münchner Verlagsgruppe GmbH
Nymphenburger Straße 86
D-80636 München
Tel.: 089 651285-0
Fax: 089 652096

Redaktion: Silke Panten
Umschlaggestaltung: Isabella Dorsch
Umschlagabbildung: picture alliance /Jörg Carstensen
Satz: Digital Design, Eka Rost
Druck: Graspo CZ, Tschechische Republik
Printed in the EU

ISBN Print 978-3-7423-1275-4
ISBN E-Book (PDF) 978-3-7453-0971-3
ISBN E-Book (EPUB, Mobi) 978-3-7453-0972-0

*Weitere Informationen zum Verlag finden Sie unter*

*www.rivaverlag.de*

Beachten Sie auch unsere weiteren Verlage unter www.m-vg.de

# Inhalt

Vorwort von Fritz Egner ........................................... 5

»Da Gottschalk hot a Inderra« ................................. 8

Der Berliner »Bruder« Gregor Rottschalk ................. 10

Abitur mit Hängen und Würgen ............................... 13

Ein Kavalier, der auch noch bügeln kann ................. 15

Büro-Ehe mit »Herman The German« ...................... 18

TV-Premiere mit ramponierter Gesichtshälfte ......... 20

Sophie Scholl ist keine Fußpflegerin ....................... 23

Ping-Pong in Baden-Baden ..................................... 25

Deutschlands erster Rapper mit GLS United ............. 28

Bei Gottschalk auf der Psycho-Couch ...................... 30

Früh aufstehen für Günther Jauch .......................... 33

Luxemburg ist lukrativer ........................................ 35

Lateinlehrer im Kloster Ettal .................................. 38

Piratensender Powerplay ........................................ 40

Mit Eierstöcken muss man vorsichtig sein! ............. 43

Wenn der Vater mit den Söhnen ............................. 45

Undercover in Bad Spänzer ..................................... 48

Auf Hasenjagd mit dem »Monaco Franze« ............... 50

Die affengeile Dauerwelle ...................................... 53

Gottschalks Gottvater der Popmusik ....................... 55

Der unverschämte Buntstiftlutscher ............................... 58

Bambi-Skandal mit Happy End ........................................ 61

Der mit dem Geweih umrührt ....................................... 63

Eine Mischung aus Elferrat und Zentralkomitee .......... 66

Grabrede für einen »Schlagerfuzzi« .............................. 68

Goldlocken und Gummibärchen ..................................... 71

Literaturpapst trifft polnische Pornoqueen ................... 73

Heimlicher Sektenbruder bei Scientology? ................... 76

Heidi, deine Welt sind die Fruchtgummi-Zwerge .......... 79

Wehe, wenn Schimanski sauer ist ................................. 81

Tanz der taumelnden Titanen ........................................ 84

One-Hit-Wonder mit den »Besorgten Vätern« .............. 86

Ein dienstlicher Kuss mit Michelle ................................ 89

Die Tragödie des Samuel Koch ...................................... 92

Til Schweiger auf der Flucht .......................................... 94

Wetten, dass Gottschalk auch Spaß versteht? .............. 97

Eine neue Liebe ist wie ein neues Leben ...................... 100

Nachwort ....................................................................... 103

Quellen .......................................................................... 108

# Vorwort von Fritz Egner

»Keiner recherchiert länger als Ulli Wenger« — dieses Etikett klebt an »Mister One-Hit-Wonder«, seit ich ihn kenne. Der 50. Geburtstag von Paul McCartney brachte uns 1992 erstmals zusammen, gemeinsam bereiteten wir eine dreistündige Sendung über den Ex-Beatle vor. Damals saß ich schon 13 Jahre bei Bayern 3 am Mikrofon, Ulli kam neu vom Südwestfunk aus Baden-Baden, dort wo Thomas Gottschalk heute lebt. Dass ich Thomas beziehungsweise Thea meine gesamte Radiokarriere verdanke, können Sie hier nachlesen.

Die Chemie zwischen uns beiden stimmte vom ersten Tag an, ich merkte schnell, wie sorgfältig und akribisch Ulli arbeitet. Er lieferte mir die Fakten für meine Sonntagsshow *Fritz Egners Zeitmaschine* und suchte auch die passenden Originaltöne dazu raus.

Als er mir im vergangenen Jahr davon erzählte, dass er ein kleines Buch über Thomas schreiben sollte, da wusste ich sofort: Für diesen Job hätte der Verlag keinen besseren Autor finden können. Uns beide verbindet die Leidenschaft für Musik, bis heute erzählen wir uns wöchentlich Geschichten über Musiker, die wir erlebt oder von denen wir erfahren haben.

Seine Passion für Popmusik ähnelt der von Thomas Gottschalk: Thomas war der Erste, der im damals eher von Schlagern und Chansons geprägten Bayern-3-Programm eine Revolution anfachte, indem er englische Popmusik spielte. Durch *Pop nach acht* prägte er den Musikgeschmack einer ganzen Teenagergeneration. Er ist der Medien-Entertainer, der Radio und Fernsehen in Deutschland aus den verstaubten Ecken der Unterhaltungsbeamten und Conferenciers herausholte und Wegbereiter war für viele von uns.

Seit mehr als 40 Jahren bin ich dankbar, Thomas als Freund und Ratgeber zu haben. Einen wie ihn kann man lange suchen, finden wird man ihn aber wohl kaum noch einmal in einer Person.

Zum 40. Geburtstag von Bayern 3 produzierte Ulli Wenger eine große CD/DVD-Jubiläumsbox mit einem dicken Booklet. Darin porträtierte er neben vielen anderen Moderatoren auch Thomas und mich. Als ich ihm meine Erlebnisse mit Stars wie Madonna, James Brown oder den Bee Gees ablieferte, bekam ich am eigenen Leib zu spüren: »Keiner redigiert strenger als Ulli Wenger.«

Die meisten Anekdoten kenne ich natürlich als Zeitzeuge aus erster Hand, aber gedruckt gab es sie so bislang noch nicht. Erst durch die Lektüre dieses Buches tauchten sie alle wieder lebendig vor meinen Augen auf. Ich hoffe, Sie haben beim Lesen genauso viel Spaß wie ich, und wünsche Ihnen dabei jetzt gute Unterhaltung!

Ihr Fritz Egner

# »Da Gottschalk hot a Inderra«

Thomas Johannes Gottschalk ist ein echtes Feiertagskind, geboren an Christi Himmelfahrt 1950 in Bamberg, weil sein Vater Hans unbedingt dabei sein wollte. In Kulmbach, wo er als Rechtsanwalt arbeitet, ist das zur damaligen Zeit nicht erlaubt. So aber sitzt er bei der Geburt neben seiner Frau Rutila im Kreißsaal. Patenonkel wird Johannes Seifert, katholischer Priester und Vaters bester Freund. 1957 ziehen Vater Hans und »Onkel Hans« in ein selbst gebautes Doppelhaus in Kulmbach. Dieser Onkel wird für den jungen Thomas zur »lebensbestimmenden Figur«. Als sein Ministrant begleitet er ihn im »vorkonziliaren Weihrauchnebel« der miefig-spießigen 1950er-Jahre von »Rosenkranzandachten über Früh- und Spätmessen bis hin zu Fronleichnamsprozessionen«.

Doch dann stirbt der »gütige Vater« Hans plötzlich an Pankreaskrebs und Thomas wird mit 14 Halbwaise, ebenso seine jüngeren Geschwister Christoph (11) und Raphaela (4).

Onkel Hans, inzwischen Religionslehrer in Kronach, kümmert sich rührend um Nichte und Neffen. Drei Jahre später darf Thomas die Sommerferien bei einer englischen Familie verbringen – im Rahmen eines Schüleraustauschs namens »Fahr mit!«. Während dieser vier Wochen lernt er in London seine erste große Liebe kennen. »Sie war eine bildschöne, ziemlich dunkle Inderin aus Wimbledon«, erinnert er sich noch Jahrzehnte später. Ihr Spitzname: Bonnie. Zurück in Kulmbach besingt der »bleiche Blonde« Tonbänder mit englischen Liebesliedern, schickt sie ihr und sie antwortet ihm genauso begeistert mit Selbstgesungenem.

Mutter Rutila beobachtet das Treiben ihres Sohnes sehr argwöhnisch, trotzdem ermuntert sie ihn, Bonnie doch einfach mal einzuladen. Kurz darauf geht ein Raunen durch Kulmbach: »Da Gottschalk hot a Inderra!« Bonnie war dort vermutlich die erste Person of Color nach dem Abzug der amerikanischen GIs. »Als sie mich besuchte«, erinnert sich Gottschalk, »haben sich ein paar Leute bekreuzigt« – seine Mutter eingeschlossen!

Die beiden trinken erst kräftiges Kulmbacher Bier und dann küssen sie sich ganz romantisch unterhalb der mondbeschienenen Plassenburg. Bonnie deutet diesen intensiven Kuss gleich als Eheversprechen. Auch Rutila ist sich sicher, dass da noch mehr war, aber wie so oft wird auch diese erste Liebe bald »vom Winde verweht«. Viele Jahre später, als ihre Ehe mit einem Engländer gescheitert ist, meldet sich Bonnie wieder bei ihrem Thomas. Doch der hatte bei ihr damals einen tieferen Eindruck hinterlassen als umgekehrt. Er dachte wohl nicht mehr an die erste Single der Beatles: »Bring back my Bonnie to me …«.

## Der Berliner »Bruder« Gregor Rottschalk

Während seines »Sommers der Liebe« entdeckt Teenager Thomas auf der Carnaby Street 1967 seine lebenslange Vorliebe für ausgefallene Klamotten. Und er lässt sich vom englischen Radio verzaubern, BBC One und Radio Caroline, dem auf einem Schiff in der Nordsee verankerten Piratensender. Daheim in Kulmbach hört er nachts unter der Bettdecke meist das englische Programm von Radio Luxemburg – seinem kleinen Transistorradio sei dank. So lernt er nebenbei Englisch.

Damals kann man im oberfränkischen Zonenrandgebiet auch den RIAS aus Berlin empfangen, den »Rundfunk im amerikanischen Sektor«. Eine Stimme fasziniert Thomas ganz besonders: Die von Gregor Rottschalk. Der ist nicht nur Moderator, sondern später auch ein erfolgreicher Liedtexter. Aus seiner Feder stammen Hits wie »Er gehört zu mir« (Marianne Rosenberg) oder »Und es war Sommer« (Peter Maffay). Gemeinsam mit Maffay und Rolf Zuckowski erfindet er 1983 übrigens auch den kleinen grünen Drachen Tabaluga.

Gelegenheit, dieses Idol aus nächster Nähe kennenzulernen, bietet ein Schulausflug nach Westberlin. Begleitet von Klassenkameradin Dagmar, einer »sehr ansehnlichen Zahnarzttochter«, steht er vor dem Pförtner am RIAS-Eingang. Wen er denn sprechen wolle? »Gregor Rottschalk von RIAS 2.« Wer er denn sei? »Thomas Rottschalk, ich bin sein Bruder, er wartet auf uns!«

Wer so dreist ist, dem öffnen sich alle Türen. Rottschalk moderiert gerade den *Treffpunkt*, als die beiden ins Studio stürmen. Ihm gefällt die Chuzpe, mit der Thomas sich Zugang zu ihm verschafft hat, und baut ihn spontan in seine Sendung ein. Er soll den Berliner Zuhörern mal verraten, wie das Leben so ist in der Provinz. Das Rotlicht geht an und Thomas plappert einfach wild drauf los. Als er mit Dagmar wieder auf der Straße steht, ist er sich sicher: So etwas will er später auch mal machen. »Das war meine Radiotaufe«, stellt er rückblickend fest.

Aber erst muss Thomas noch die elfte Klasse wiederholen, denn er ist schon zum zweiten Mal sitzengeblieben. Mutter Rutila schimpft ihn: »Du bist stinkfaul!« Thomas kontert, dass ihm das Abitur ab sofort nicht mehr so wichtig erscheine, er wolle lieber Journalist werden. Rutilas Reaktion: »Ich knall dir eine, dass dir die Suppe aus der Nase spritzt!«

# Abitur mit Hängen und Würgen

Bis zur neunten Klasse war er »ein unauffälliger Schüler, der immer gerade durchgekommen ist«, so skizziert Gottschalk seine Schulzeit auf dem Markgraf-Georg-Friedrich-Gymnasium in Kulmbach. Doch dann fällt er zum ersten Mal durch, weil einer seiner Mitschüler eine Physik-Schulaufgabe, die er eigentlich für Thomas schreiben sollte, am Ende doch für einen anderen Mitschüler abgegeben hat. Der ehemalige Klassensprecher ordnet Gottschalks schulische Talente diplomatisch ein: »Es waren Licht und Schatten in seinen Leistungen.« Zumindest der Erdkundeunterricht bereitet ihm keine Schwierigkeiten, denn er war jahrelang der Kartenholer. Ein anderer ehemaliger Mitschüler sagt später selbstbewusst, dass sich seine relativ guten Griechisch- und Lateinkenntnisse »auch positiv auf Thomas' Leistungen in diesen Fächern ausgewirkt haben«. Quod erat demonstrandum (Was zu beweisen wäre): Obwohl er locker auf Grammatik und Vokabeln hätte verzichten können, schafft Klassenclown Gottschalk das große Graecum (sechs Jahre

Altgriechisch) und nach neun Jahren sogar das große Latinum.

Eine Sportskanone war er dagegen nie, weder beim Hand- noch beim Fußball: »Mich wollte keiner in der Mannschaft haben.« Sein Talent liegt eher im rasanten Reden, das erkennt bereits 1967 Gottschalks Deutschlehrer. Thomas verstehe es meisterhaft, »eine weitgehende Leere durch sprachlich hohes Niveau zu überdecken«. Was er damals nicht ahnt: Dass er seinen Schüler damit ungewollt fürs restliche Leben inspiriert: »Dieser Satz brachte mich auf die Idee für mein späteres Berufsmodell«, sagt Gottschalk. Die elfte Klasse musste er dennoch wiederholen: »Das war dann schon aus Überzeugung – wegen der Mädels!«

Schließlich steht 1971 das Abitur an. Bei der Mathematik-Klausur gibt Gottschalk mehrere leere Blätter ab, erinnert sich ein ehemaliger Mitschüler: »Auf einem stand: Quod erat expectandum (Was zu erwarten war)!« Die Quittung für diese Chuzpe: ein glattes »Ungenügend«. Also muss Gottschalk in die mündliche Nachprüfung, dort erhält er »dank des Mitleids der Lehrer« eine Vier minus und damit das Zeugnis. Gottschalk atmet tief durch: »Ich bestand das Abitur mit Hängen und Würgen.«

# Ein Kavalier,
# der auch noch bügeln kann

Fasching 1972 im Münchner Regina-Palast-Hotel: Germanistik-Student Thomas begleitet einen Kommilitonen zum Medizinerball. Verkleidet als mittelalterlicher Spießgeselle statt im Arztmantel, bewaffnet mit Hellebarde statt Stethoskop. Mitten im Gedränge versteckt sich plötzlich eine grüne Rheinnixe hinter ihm, um einem aufdringlichen Pistolero zu entkommen. Gottschalk bedroht ihn mit seiner Lanze und der andere kapituliert. Die Nixe heißt Thea Hauer, kommt aus Nürnberg und arbeitet in einer Münchner Werbeagentur. »Wenn du dich schon hinter mir versteckst«, sagt der Landsknecht, »dann können wir auch tanzen!«

Danach verabreden sich die beiden zu einem Konzert von Deep Purple. Bei »Smoke On The

Water« »tanzte sie etwas wilder, als mir lieb war«, erinnert sich Gottschalk, der auf der Aftershowparty eifersüchtig mitansehen muss, wie der langhaarige Keyboarder Jon Lord sich seiner neuen Flamme »unzüchtig nähert und sie umkreist«. Doch am Ende verlässt Thomas mit Thea als Sieger die Olympiahalle.

Ein Jahr zuvor war Thea im Skiurlaub zur »Miss Obertauern« gewählt worden und hatte auch für diese Saison bereits wieder gebucht. Im Studenten-Käfer fahren sie gemeinsam dorthin und gleich bei der ersten Abfahrt passiert es: Thea stürzt, die Bindung öffnet sich nicht, das rechte Knie verdreht sich nach hinten. Diagnose vor Ort: Bänderriss! Thomas fährt Thea mit Gipsbein zurück nach München, wo sie in die Klinik soll. Kaum zu Hause stellt sie fest: »Ich kann doch nicht mit einem ungebügelten Nachthemd dorthin.« Prompt zeigt sich Thomas als fürsorglicher Kavalier, klappt ihr Bügelbrett auf und verblüfft sie damit, dass er sehr routiniert Nachthemden bügeln kann.

Folglich ziehen sie zusammen, nur ans Heiraten denkt Thomas nicht. Doch nach vier Jahren ist »Göttin« Thea eines Tages weg. »Ich wollte ihn nicht unter Druck setzen, also bin ich ausgezogen!« Gottschalk überlegt nicht lange und hält stattdessen 30 Minuten später bei ihrer Mutter um Theas Hand an: »Gottseidank hat sie gleich ja gesagt« – und Thea kommt postwendend wieder zurück.

Passend zum Faschingsauftakt am 11.11.1976 betreten sie um 11 Uhr das Schwabinger Standesamt in der Mandlstraße. Mutter Rutila fehlt, dafür fungiert Gottschalks Bruder Christoph als Trauzeuge, assistiert von dem Kommilitonen, dem Gottschalk die Begegnung mit Thea zu verdanken hat und der mittlerweile Arzt im Allgäu ist. Das Hochzeitsmahl wird im »Dallmayr« hinterm Rathaus eingenommen, was für Gottschalk damals »im absoluten Luxusbereich« liegt. Es dauert nicht lange, denn um 15 Uhr ruft die Radio-Pflicht: Ein Interview mit dem US-Geschwisterduo The Carpenters. Drei Jahre später heiraten sie dann auch kirchlich in einer abgelegenen Kapelle. Johannes Seifert segnet den Bund fürs Leben, sehr zur Freude seines Patenkindes: »Mein Onkel war Pfarrer und so blieb die Sache in der Familie!«

## Büro-Ehe mit »Herman The German«

1976 lässt sich Thomas Gottschalk im BR fest anstellen, weil er weiß, dass er nur so die Chance hat, eine regelmäßige Sendung zu moderieren. Ab sofort arbeitet er als Redakteur in der Abteilung »Leichte Musik« mit allen Privilegien: einem festen Schreibtisch, Essensmarken für die Kantine und ganz wichtig: eigenem Parkplatz in der Tiefgarage. Anfangs teilt er sich das Büro mit dem Schlagersänger Teddy Parker, seit 1963 bekannt durch seinen Hit »Nachtexpress nach St. Tropez«.

Als Teddy erfährt, dass Thomas von einer eigenen Radiosendung *(Pop nach acht)* träumt, hält er ihn für völlig verrückt: »Sie werden sich doch nicht jeden Abend da hinsetzen!« Doch Gottschalk kalkuliert anders: »Dann komm ich eben morgens erst um zehn!« Es dauert nicht lange, dann zieht er in ein anderes Büro. Hier erwartet ihn Jürgen Herrmann, die beiden kennen sich aus gemeinsamen Zeiten vom *Club 16* im Jugendfunk auf Bayern 2: »Wir ergänzten uns musikalisch, waren topmotiviert, brannten für gutes Radio!«

Die zwei sitzen sich gegenüber, hinter ihnen in den Wandregalen stapeln sich Vinyl-LPs bis unter die Zimmerdecke. »Wir führten eine perfekte Büro-Ehe, es gab nie Streit«, erinnert sich Gottschalk. Sie verstehen sich blendend, bilden ein unzertrennliches Team. Während Gottschalk Bayern 3 des Öfteren in den Medien kritisiert, um seinen etwas verstaubten Sender aus der Reserve zu locken, hält Herrmann (Spitzname: »Herman The German«) ihm den Rücken frei. Zum Missfallen vieler Vorgesetzter verteidigt er Gottschalks Thesen auch öffentlich. Er vertritt ihn auch, wenn Thomas und Thea Urlaub machen.

Anfangs ist Herrmann noch ziemlich nervös, doch »die Hörer waren geduldig und ließen mich diese Prüfung bestehen«. 1978 haben »Thommy & Atze« die Idee, eine Woche lang abends nur Songs der Beatles zu spielen. Die Resonanz ist überwältigend: Waschkörbeweise trudeln Postkarten mit Musikwünschen ein. Bald sind die Schreibtische der beiden übersät mit Fanpost, Grußkarten, Plüschtierchen und allerlei Fan-Gimmicks.

Als der sinnlose Mord an John Lennon im Dezember 1980 die Welt erschüttert, machen sie eine zweistündige Sondersendung, ein Novum im BR. »Ich verstehe nicht, warum unser Fernsehen das nicht auch macht«, wundert sich Jürgen Herrmann und wird so auch vom damaligen *Gong*-Chefredakteur Helmut Markwort zitiert. Kurz darauf, an Silvester, endet diese Bürogemeinschaft zweier Exoten, die im Haus zwar stets belächelt wurden, die ihre »Narrenfreiheit« aber nutzten für eine revolutionäre Radioshow.

# TV-Premiere mit ramponierter Gesichtshälfte

Fürs bundesweite ARD-Programm am Freitagnachmittag steuert der Bayerische Rundfunk seit April 1972 einmal im Monat das Jugendmagazin *Szene* bei – mit jährlich wechselnder Zusatzzahl. Angekommen bei *Szene '76* leistet man sich plötzlich auch Moderatoren: Julia

Edenhofer und Thomas Gottschalk, bekannt durch ihre Radiosendungen in Bayern 3. Hier sammelt der 25-jährige Gottschalk seine ersten Fernseherfahrungen. Kurz bevor die Premierensendung aufgezeichnet werden soll, lässt er sich an den Nasennebenhöhlen operieren: »Dadurch war mein Gesicht angeschwollen, ich sah aus wie ein Backenhörnchen!« Trotzdem steht er das tapfer durch, weil er nur die »weniger ramponierte Gesichtshälfte« in die Kamera hält.

Nach wenigen Folgen steigt Edenhofer aus und Gottschalk sucht sich einen neuen Sparringspartner. Er findet ihn in Anthony Powell, einem skurrilen britischen Grafiker und Bühnenbildner, der beim BR angestellt ist, aber kaum Deutsch versteht. Der Mann mit Minipli und Schnäuzer wirkt ziemlich verloren in der Kulisse, weiß nie, wo er eigentlich stehen soll, und merkt oft nicht, was gerade um ihn herum passiert. Der ideale Blitzableiter für Gottschalks spontane Sprüche; Anthony revanchiert sich mit pantomimischen Clownereien. Aus dem ursprünglichen Teenagerthemen-Magazin wird rasch eine reine Musiksendung.

Hier treten angesagte Teenie-Idole auf wie die Bay City Rollers, Sweet, Smokie oder auch Status Quo. Neben diesen Mainstream-Künstlern bekommen aber auch Exoten wie Iggy Pop, Jackson Browne oder Gerry Rafferty ihre Chance. Verantwortlich für diese Musikauswahl ist Steffi Schoener, Frau des Avantgarde-Komponisten Eberhard Schoener. Für ihn wiederum hatte Anthony Powell schon einige Plattencover grafisch gestaltet. Später betreut er als Szenenbildner legendäre TV-Sendungen wie *Herzblatt* (mit Rudi Carrell) oder *Mich laust der Affe* (mit Christoph Deumling).

Gottschalk präsentiert in der *Szene* auch die ersten Videoclips von Queen oder den Boomtown Rats und führt Interviews mit Weltstars wie den maskierten US-Rockern von Kiss. Deren Studioplatten gefallen ihm, die spektakuläre Bühnenshow mit viel Pyrotechnik dagegen weniger. Gottschalk zufolge präsentiere diese Gruppe in ihren Konzerten nur großen Lärm: »Die Musik bleibt völlig auf der Strecke!« Das gilt 40 Jahre später auch noch!

Die letzte *Szene*-Sendung läuft am 16. November 1979, danach wird sie unter dem Namen *Pop Stop* weitergeführt. Gottschalk, der Blondschopf, und Powell, der Wuschelkopf, treiben ihre Späße noch bis Ende 1981, danach trennen sich ihre Wege.

## Sophie Scholl ist keine Fußpflegerin

1977 bekommt Thomas Gottschalk mit *Pop nach acht* seine erste eigene Radiosendung. Seine Vorgesetzten im BR werden sich gedacht haben, »dass er nach 20 Uhr keinen großen Schaden anrichten kann«, wie sein langjähriger Freund Fritz Egner *(Dingsda)* glaubt. Am 2. Mai 1977 startet Gottschalk eine der legendärsten Sendungen in Bayern 3. Während die Eltern brav vor der Mattscheibe hocken, hängt die Jugend binnen kürzester Zeit an seinen Lippen. Er bringt es fertig, dass Teenager plötzlich bewusst Radio hören und das »Gequassel« zwischen den Songs nicht mehr als notwendiges Übel betrachten.

Im Fernsehen läuft noch die *Tagesschau*, wenn Gottschalk die markante Titelmelodie (»Pelican Dance« von The Baronet) abfährt und loskalauert: »Der Kumpel fährt jetzt in den Schacht, die Kumpelin hört *Pop nach acht.*« Er braucht kein Manuskript, sondern plaudert einfach vor sich hin, wie ihm der Schnabel gewachsen ist – und das kommt an. Täglich erreichen ihn unzählige Briefe mit Song- und Autogrammwünschen. Er beantwortet sie fast alle selbst, entweder schriftlich oder via Mikrofon, auch bei Liebeskummer findet er die passenden tröstenden Worte. »In die Einbahnstraße, die das Radio damals war«, sagt Gottschalk, »habe ich den Gegenverkehr eingeführt!«

Im März 1978 wird sein Ausnahmetalent erstmals offiziell gewürdigt: Gottschalk erhält den mit 3500 Mark dotierten Kurt-Magnus-Preis als »überdurchschnittlich befähigter Mitarbeiter des Hörfunks«. Spätestens jetzt verstummen auch seine zahlreichen Kritiker in den höheren BR-Etagen; sie müssen einsehen, dass seine schnoddrige Art gut ankommt.

Am 30. März 1979 grüßt er das Münchner Sophie-Scholl-Gymnasium, vergaloppiert sich aber beim Talk mit dem Klassensprecher. Er erklärt die Namensgeberin spaßeshalber zur Erfinderin der Gesundheitsschuhe von Dr. Scholl's Fußpflege. Prompt meldet sich ein empörter Rundfunkrat im Studio und spricht von einem Skandal, der diesem Moderator »den Kragen kosten« müsse. Um einer offiziellen Beschwerde zuvorzukommen, schreibt Gottschalk sofort einen Brief an den Intendanten, wie peinlich ihm dieser Ausrutscher sei. »Eine bewusste Verblödelung oder gar Diffamierung der Widerstandskämpferin« habe nicht in seiner Absicht gelegen. Zudem weist er noch darauf hin, dass ihm die Formulierung »den Kragen kosten« gerade zur Ehrenrettung von Sophie Scholl »sicher nicht geeignet« erscheint.

## Ping-Pong in Baden-Baden

Eine Autofahrt mit Folgen: Wolfgang Penk, Unterhaltungschef des Südwestfunks, fährt gemeinsam mit TV-Regisseur Alexander Arnz durch Bayern, im Autoradio läuft Bayern 3. Beide hören Gottschalks *Pop nach acht*, schauen sich an und wissen sofort: »Das ist er!« Sie laden ihn zur Probemoderation nach Baden-Baden ein, wo sie ihm eine neue TV-Sendung mit interaktiven Computerspielen anbieten – *Telespiele*.

SWF-Techniker Erhard Möller hatte die Idee, eine einfache Videokonsole so umzubauen, dass man sie nicht mehr mit den Händen, sondern über ein Mikrofon steuert. Als Erstes modifiziert er das Tennisspiel Pong. Auf dem schwarzen Bildschirm bewegt sich ein weißer Punkt zwischen zwei kleinen Balken am linken und rechten Rand. Diese Balken lassen sich durch ins Telefon gebrüllte Töne steuern, um den tanzenden Punkt abprallen zu lassen. Fliegt er links über die Außenlinie, macht der Spieler rechts einen Treffer. Gottschalks Kommentar: »Zwei Telefonkandidaten treten mit affenartigem Grölen, Grunzen und Brüllen gegeneinander an.« Er selbst sitzt hinter einer rot-gelben Kommandobrücke, vor sich ein rotes und ein gelbes Schnurtelefon, und schaltet jeweils zwei Zuschauer zusammen. Ein helles »Mimimi« lässt die Balken steigen, ein dunkles »Möpmöpmöp« sinken. Wer zuerst 15 Punkte hat, gewinnt und darf sich einen Videoclip aussuchen: Loriot, Mireille Mathieu oder Pink Floyd – hier ist alles möglich. Das zweite Spiel ist ein Autorennen, bei dem man entgegenkommenden Fahrzeugen geschickt ausweichen muss. Wer lauter brüllt, dessen Auto weicht schneller zur Seite. Daran haben vor allem auch Stars im Studio wie Bud Spencer oder Terence Hill tierische Freude.

Die erste Sendung ist für den 18. Oktober 1977 geplant, doch an diesem Tag wird der von RAF-Terroristen entführte Arbeitgeberpräsident Schleyer ermordet aufgefunden. Deshalb werden die *Telespiele* aufgezeichnet und erst am 10. November im SWF-Gebiet ausgestrahlt. Die nächsten Shows sind alle live und werden ein Riesenerfolg im regionalen Nachmittagsprogramm.

Am Faschingsdienstag 1980 wandern die *Telespiele* in die ARD und laufen dort zur besten Sendezeit direkt nach der *Tagesschau*. Bei Marktanteilen bis 40 Prozent wird Gottschalk jetzt auch bundesweit bekannt. Rudi Carrell erkennt sein Talent und kann ihn sich sogar statt seiner selbst vorstellen. Doch der winkt selbstbewusst ab: »Ich als Carrell-Nachfolger? Was soll ich denn dann mit 35 machen?«

Nach 29 Folgen heißt es: Game over für die *Telespiele*. Wolfgang Penk wechselt mit Gottschalk im Gepäck zum ZDF, dort wartet schon Alexander Arnz, der in den nächsten 20 Jahren die Regie bei *Wetten, dass..?* führen wird.

# Deutschlands erster Rapper mit GLS United

Im September 1979 erscheint in den USA »Rapper's Delight« von der Sugarhill Gang, einem schwarzen Trio aus New Jersey – die erste erfolgreiche Rap-Platte überhaupt. In England und Deutschland landet sie auf Platz drei der Charts und so kommt der Münchner Produzent Harold Faltermeyer (»Axel F.«) auf die Idee, davon eine deutsche Version zu machen. Er trommelt die damals bekanntesten Radiomoderatoren der Republik zusammen: Neben Gottschalk sind das Frank Laufenberg von SWF 3 und Manfred Sexauer von der Europawelle Saar, bundesweit bereits bekannt durch den *ARD-Musikladen*.

Den deutschen Text schreiben Horst Mitt-
mann und Michael Bollinger, damals Come-
dy-König bei SWF 3. Zu zweit tippen sie den
Text in eine kleine Schreibmaschine in Lau-
fenbergs Küche in Baden-Baden. Kurz darauf trifft sich das Dreamteam des deutschen
Sprechgesangs in Faltermeyers Münchner
Studio. Als Erster muss Laufenberg ran, er
rappt über die 1960er-Jahre und erinnert an
die Beatles, Kinks und Rolling Stones, bevor er Platz macht für Sexauer, der von den
50ern mit Petticoats, Presley und Peter Kraus
schwärmt.

Als Letzter ist der »Thommy« dran, er gibt
den »Nick-Nack-Mann«, der auf AC/DC, Kiss,
Blondie und sogar Peter Maffay steht. Ur-
sprünglich will sich das Trio »Die Fantasti-
schen Drei« nennen, weil das aber zu arrogant
klingt, einigt man sich mit Blick auf die eigenen Nachnamen auf das Kürzel GLS United.
Im April 1980 treten die drei dann in Frank
Zanders *Plattenküche* (ARD) sowie live in Bochum im Rahmen der *Michael-Schanze-Show*
(ZDF) auf. Das reicht, um sich auf Platz 49 der
deutschen Hitparade zu verewigen.

Ein Kritiker schreibt damals: »Thommy singt den Schlusspart. Grauenvoll anzuhören, aber dennoch witzig.« Ein anderer spricht rückblickend von einem »Treppenwitz der Geschichte« und einem »Fehlstart der Showmaster«. Frank Laufenberg erinnert sich ähnlich: »Wir hatten unseren Spaß!«, denn niemand kann bestreiten: »Wir waren die ersten deutschen Rapper!« Die heimischen Hip-Hop-Hipster mutierten im Lauf der Jahre zu respektablen Rap-Rentnern. Ihre Vinylsingle war sehr lange Zeit eine gesuchte Rarität auf Plattensammlerbörsen, bis sie 2009 endlich kratzerfrei auf CD erscheint.

# Bei Gottschalk auf der Psycho-Couch

Als eifriger Hörer des amerikanischen Soldatensenders AFN Munich fällt Thomas Gottschalk 1979 ein deutscher Tontechniker auf, der dort als »Fritz, The Tapdancing Engineer« (stepptanzender Ingenieur) bekannt ist. Er heißt Fritz Egner und arbeitet dort auch als Sidekick von Moderator Rick Demarest. Auf der Party eines Musikmagazins lernt Egner zufällig Thea Gottschalk kennen. Er ist ganz angetan von der attraktiven Schwarzhaarigen; als er aber erfährt, mit wem sie verheiratet ist, denkt er sich: »Pech gehabt!«

Umso größer ist die Überraschung, als er kurz darauf einen Anruf von Thomas erhält, der ihm verrät, dass seine Thea sich auf der Party prächtig amüsiert habe. Er macht ihm sofort ein Angebot: »Jemanden wie dich könnte ich in meinem Team bei Bayern 3 gut gebrauchen!« Er lädt ihn zu einer Probesendung in den BR ein. Jürgen Herrmann holt ihn ab und bringt ihn ins Studio, wo bereits Musikchef Werner Götze und Thomas Gottschalk warten. Egner macht das, was er am besten kann: eine amerikanische Radioshow auf Deutsch, so wie es ihm Herrmann vorher geraten und er es beim AFN gelernt hat.

Er überzeugt die dreiköpfige Jury und darf schon bald den *Popclub* moderieren. Hier spielt er vorwiegend Rhythm & Blues, bekommt aber prompt Ärger, als er nachmittags »Sex Machine« von James Brown auflegt und damit »das Kaffeekränzchen einer Rundfunkrätin sprengt«. Die offizielle Beschwerde kann Jürgen Herrmann souverän abschmettern, indem er dem Hörfunkdirektor erklärt: »Das ist ein Titel, den man einfach spielen muss!«

Thomas Gottschalk nennt Egner einen »glühenden Botschafter der schwarzen Musik« und macht ihn Ende 1980 zu einem seiner Nachfolger bei *Pop nach acht.* Im Oktober 1983 erwischt er ihn telefonisch am Strand von Acapulco mit der Frage: »Kannst du dir vorstellen, eine tägliche Sendung zu moderieren?« Fritz sagt sofort zu und erfüllt sich so einen Kindheitstraum. *Fritz & Hits* nennt er seine Show, für die er fast alle Weltstars der Rock- und Popgeschichte interviewt – und das bereits seit 37 Jahren.

Seine Freundschaft mit Thomas Gottschalk geht so weit, dass Egner anfangs sogar dessen Wohnung im Münchner Lehel übernimmt, weil er dort genügend Platz für seine umfangreiche Plattensammlung findet. 2013 feiern die »best Buddys« gemeinsam Gottschalks Rückkehr zum Radio, erst beim *Kultabend* in Bayern 3, zuletzt in der *Radioshow* auf Bayern 1. Wegen Thomas spart Fritz sich den Psychotherapeuten: »Nach einem Gespräch mit ihm geht's mir eigentlich immer deutlich besser als vorher!« Gottschalk bestätigt, dass Egner extrem zu Schwarzseherei neige und analysiert messerscharf: »Das hat er von seiner Vorliebe für Soulmusik!«

## Früh aufstehen für Günther Jauch

Günther Jauch gehört mit zu den Gründungsvätern des legendären *Morgentelegramms*, das im April 1979 auf Bayern 3 startet. Er interviewt Politiker, führt Gespräche mit Korrespondenten und präsentiert Reportagen, zwischendurch läuft Musik. Damals ist Thomas Gottschalk noch festangestellter Musikredakteur und wird für die Früh eingeteilt, »weil seine Kollegen zu faul waren«, erinnert sich Jauch. Da steht also um 6 Uhr ein vom Vorabend (*Pop nach acht*) völlig übermüdeter Gottschalk in der Senderegie und muss die passenden Platten auflegen, während der junge Jauch drinnen am Studiomikrofon sitzt: »Damit war er praktisch zu meinem Redaktionsassistenten degradiert!«

Diese absurde Situation dauert allerdings nicht lange, weil Jauch Hörfunkkorrespondent in Bonn wird und Gottschalk bei Radio Luxemburg fremdgeht. Aber 1985 treffen sie sich wieder in München zur *B3-Radioshow*. Jauch wird der journalistisch akribische Redaktionsleiter, der mit seinen Ideen regelmäßig am undisziplinierten Spontanplauderer verzweifelt, dessen »ungeheure Assoziationsfähigkeit« aber bewundert: »Wir warfen redaktionelle Perlen vor eine Radiorampensau.« Obwohl beide völlig unterschiedliche Vorstellungen haben, eint sie doch die Begeisterung fürs Medium Radio. »Wir waren Brüder im Geiste, aber nicht im wirklichen Leben«, meint Jauch. »Er bringt mich mit seiner Selbstbescheidenheit manchmal zur Weißglut«, beklagt sich Gottschalk, der Jauch dafür aber auch bewundert, »weil sie mir an vielen Stellen fehlt«.

Als Gottschalk 1987 *Wetten, dass..?* von Frank Elstner übernimmt, überlässt er seinem Freund das Kuriositätenkabinett *Na sowas!*. Jauch macht daraus *Na siehste!*; unter diesem Titel hatten die beiden bereits vorher auf der Berliner Funkausstellung eine Art Kindergeburts-

tag moderiert. Natürlich ohne Teleprompter –
dieses Hilfsmittel brauchen Radioprofis nicht,
wenn sie vor einer Kamera stehen.

Für Jauch ist Gottschalk »einer der wenigen
Anarchisten, die es in diesem Land gibt«. Und
einer, der auch unter Zeitdruck gut schreiben
kann, was er neidvoll anerkennt: »Das sehr fei-
ne Gefühl für Sprache hat Thomas bis heute
nicht verlassen«. Bei Jauch ist dieses Talent
»völlig verkümmert«, weil er sich ausschließ-
lich auf elektronische Medien konzentriert.
Trotzdem versteht auch er bis heute nicht,
»warum Gottschalks Sendungen außerhalb
von *Wetten, dass..?* nicht gleichermaßen funk-
tionieren«. Dafür hat der sechs Jahre jüngere
Jauch nur eine Erklärung: »Vielleicht braucht
er das Fluidum dieser großen Live-Show.«

## Luxemburg ist lukrativer

Frank Elstner hat nicht nur *Wetten, dass..?* er-
funden, lange vor seiner Fernsehkarriere war
er auch ein äußerst erfolgreicher Radiomacher.
1964 kommt er zu Radio Luxemburg, wird

sehr schnell Chefsprecher und schließlich sogar Programmdirektor der »vier fröhlichen Wellen«. Damals sendet man hauptsächlich über die verrauschten Mittel- und Kurzwellen, nur im Großraum Trier ist der Sender auch über UKW ganz klar empfangbar. Geboren wurde Elstner als Tim, weil es beim Sender aber schon einen Tom gibt, muss er sich einen neuen Namen zulegen, er wählt den seines Bruders. Logisch, dass »der Frank von Radio Luxemburg« auch jahrelang die populärste Sendung moderiert, die *Hörer-Hitparade* am Sonntag zwischen 14 und 16 Uhr. Ermittelt durch Postkarten, die in Nordrhein-Westfalen in jeder Sparkassenfiliale am Schalter liegen.

Auf Thomas Gottschalk wird er übers Autoradio aufmerksam: »Ich hörte seine Sendung auf dem Weg nach München.« Elstner gefallen Witz und Stimme, für ihn ist Gottschalk der »geborene Unterhalter«. Deshalb macht er ihn zu seinem Nachfolger bei der *Hitparade*, die Gottschalk durchaus vertraut ist, weil er sie selbst früher in Kulmbach »mit religiösem Eifer« gehört hat. Am 7. September 1980 sitzt er erstmals im berühmten Studio 4 in der Villa Louvigny in Luxemburg. Binnen kürzester Zeit überrundet er den Frank in Sachen Popularität, nach jeder Sendung treffen täglich etwa 800 Autogrammwünsche ein.

18 Monate lang fliegt Gottschalk jeden Sonntag früh von München über Frankfurt nach Luxemburg. Sein lukrativer Vertrag beinhaltet, dass er neben der Kultsendung auch noch am Montag moderieren muss, bevor er dann am Dienstagnachmittag ziemlich erschöpft wieder zu Hause eintrudelt. Neben einer Oldie-Show ist das vor allem *Moment mal*, eine Sendung für Kinder und Junggebliebene, die er so charakterisiert: »Bisschen über Dinge quatschen, die euch am Herzen liegen.«

Im Frühjahr 1982 wechselt Gottschalk von der Hitparade in die Frühsendung. Als neuer »Mister Morning« kürt er regelmäßig Pechvögel oder Glückspilze, löst mit den Hörern sogar Kreuzworträtsel. Diese 120 Minuten kommen aus dem RTL-Studio in Düsseldorf, wo er jetzt fünf Tage die Woche als Junggeselle lebt. Weil er sich dort selbst um seinen Haushalt kümmern muss, schließt er sich der Deutschen

Hausfrauengewerkschaft an – für einen Jahresbeitrag von 24 Mark. »Ich unterstütze damit das graue Heer der Hausfrauen!« Ende September 1982 endet das Intermezzo und Gottschalk kehrt wieder zurück nach Bayern.

## Lateinlehrer im Kloster Ettal

Lange bevor Thomas Gottschalk *Wetten, dass..?* moderiert, sitzt er im Januar 1982 selbst als Gast auf Frank Elstners Couch. Er ist Pate für zwei bärenstarke bayerische Waldarbeiter, die beweisen wollen, dass sie mit ihren Handsägen einen Baumstamm schneller durchtrennen können als ihr Konkurrent mit einem Hilfsmotor. Kurzum: Muskelkraft gegen Motorsäge. Thomas vertraut den beiden, muss aber mit ansehen, wie sich die Motorsäge doch schneller durch das Holz fräst. Also muss er seinen Wetteinsatz einlösen: den Lateinlehrer im bayerischen Benediktinerkloster Ettal vertreten.

Kurz darauf trifft er die stämmigen Waldarbeiter in ihrer Heimat Mittenwald wieder. Es gibt Schweinshaxe mit Sauerkraut und einen stolzen Bürgermeister, der froh ist, dass die beiden ihre Wette verloren haben, »denn sonst wär der Gottschalk heut' Abend nicht bei uns«.

Am nächsten Morgen wird's ernst. »Willkommen, Thomas Gottschalk«, hat der 12-jährige Olaf mit weißer Kreide an die grüne Tafel geschrieben. Der ehemalige Messdiener betritt mit Blue Jeans, rotem Hemd, weißer Krawatte und beiger Strickweste das Klassenzimmer und faltet zunächst die Hände zum Benedikt-Gebet. Dann fragt er lateinische Vokabeln ab, übt den Konjunktiv und hält sich strikt an Lektion 43 aus dem Latein-Lehrbuch.

In der letzten Bank sitzt Pater Raphael, mit 37 Jahren Bayerns jüngster Schuldirektor, und beäugt argwöhnisch, was der gelernte Grundschullehrer Gottschalk da so treibt. Als der Palatium (Palast) scherzhaft mit Palat-Schinken übersetzt, runzelt er zwar die Stirn, sagt aber nichts. Klosterschülerin Andrea ist erleichtert, als die Schulstunde vorbei ist, hatte sie doch vorher befürchtet, dass Gottschalk sie »so sehr an den Haaren zieht wie der Pater Raphael«. Der Aushilfslehrer gibt sich ungewohnt seriös, weil er den Schülern beweisen will, dass er »nicht ganz so blöd ist, wie er im Fernsehen aussieht«. Zum Schluss verteilt er noch Autogrammkarten als »Fleißbildchen«. Alle stürzen sich drauf, nur der 18-jährige Anton findet es peinlich, dass seine Mitschüler den Mann so bewundern: »Die tun ja so, als ob er ein Heiliger wär!«

28 Jahre später, im August 2010, besucht Gottschalk erneut das Kloster, während der großen Pause bei den benachbarten Passionsspielen von Oberammergau. Diesmal führt ihn Pater Johannes durch die Basilika und Gottschalk erinnert sich, dass er damals »ewige Freundschaft geschworen habe«. Dann trägt er sich ins Goldene Gemeindebuch ein, zuletzt hatten Bundespräsident Wulff und Bundestagspräsident Lammert darin unterschrieben. »Wulff, Lammert, Gottschalk – das nenn' ich mal 'ne Steigerung«, fasst Gottschalk zwinkernd zusammen.

## Piratensender Powerplay

Die Idee zu Gottschalks erstem Kinofilm hat die damals 16-jährige Désirée Nosbusch; die beiden kennen sich aus gemeinsamen Zeiten bei Radio Luxemburg. Filmproduzent Karl Spiehs wiederum kannte Gottschalk ebenfalls und stellte ihm den Quickborner Knittelbarden Mike Krüger zur Seite, bekannt durch Blödel-Hits wie »Mein Gott, Walther« oder »Der Nippel«. Die Story von *Piratensender Powerplay* ist schnell erzählt: Eine ziemlich verstaubte öffentlich-rechtliche Rundfunkanstalt jagt zwei junge Radio-DJs, die erst aus ihrer Schwabinger Wohnung und dann aus einem zum Studio umgebauten Wohnmobil mit witzigen Sprüchen und flotter Musik zu Publikumslieblingen werden. »Wir witzelten uns holprig durch das Drehbuch«, erinnert sich Gottschalk. Nach wilden Verfolgungsfahrten durch Südbayern engagiert sie schließlich der damalige BR-Programmdirektor für seine Jugendwelle. »Das Piratendasein ist zu Ende, weil ich jetzt als Beamter sende«, reimt Gottschalk, kurz bevor der Abspann läuft.

Die zweite Hälfte des Films ist eine Hommage an Billy Wilders Kultkomödie *Manche mögen's heiß* (1959), zahlreiche Dialoge wurden direkt übernommen. Für den Soundtrack mit einigen Soul-Klassikern der 1960er-Jahre ist Gottschalks Freund und Bayern-3-Moderator Fritz Egner zuständig, der Titelsong »Radio Powerplay« stammt von der Contraband.

Als der Film im Januar 1982 in die Kinos kommt, schreibt der *Film-Dienst* von einem Fiasko, »in dem geistig und technisch an jeder Ecke gespart wurde«. Auch Katja Flint ist nicht gerade begeistert, als man ihr eine »intelligente Erotik« attestiert. An diesem Film sei nun wirklich nichts intelligent, schließlich habe sie lediglich eine »dämliche Internatsschülerin« gespielt. Das Publikum aber ist begeistert: Mit 1,3 Millionen Besuchern wird er der erfolgreichste deutsche Film des Jahres.

Damals gibt es in Deutschland noch keine Privatsender, das Monopol der ARD-Anstalten endet erst 1984 durch ein Urteil der Karlsruher Verfassungsrichter. *Piratensender Powerplay* hat prophetische Qualitäten, weil der Film die (Fehl-)Entwicklung der deutschen Radiolandschaft schon vorwegnimmt. Seit es das private Formatradio gibt, hecheln die öffentlich-rechtlichen Sender dem hinterher und reduzieren dabei oft ihr journalistisches Niveau. Bis heute dreht sich alles nur noch um Einschaltquoten und Mediaanalysen, aus dem »Piratendasein« wurde eher ein »Privatendasein«.

# Mit Eierstöcken muss man vorsichtig sein!

Am 29. März 1982, einem Montagabend, startet Thomas Gottschalk seine erste eigene Show im ZDF. *Na sowas!* ist eine Mischung aus bekannten Künstlern und ungeahntem Kuriositätenkabinett. Als Erkennungsmusik dient das Instrumental »1980-F« der britischen Rockband After The Fire. Stars aus Rock und Pop singen ihre Hits und zwischendurch stellt Gottschalk neben TV-Stars auch Menschen aus aller Welt vor, die irgendetwas Besonderes können, was oft sehr abstrus wirkt. Die Live-Sendung beginnt um 19.30 Uhr und dauert 45 Minuten. Das Konzept kommt beim Publikum gut an, schon nach kurzer Zeit wandert *Na sowas!* auf den Mittwoch, und ab 1985 läutet die kleine Show den Samstagabend ein, oft als Warm-up für *Wetten, dass..?*, damals noch moderiert vom Erfinder selbst: Frank Elstner.

Für erste bundesweite Schlagzeilen sorgt im Oktober 1985 Klaus Kinski. Der aus den legendären Edgar-Wallace-Filmen bekannte Schauspieler sitzt sichtlich zugekokst in seinem Stuhl und weigert sich beharrlich, auf Gottschalks Fragen zu antworten. Das ist aber nichts gegen das, was ein Jahr später passiert. Da sind Howard Carpendale, Tina Turner und US-Schauspieler Anthony Perkins *(Psycho)* zu Gast. Erst singt die Turner, dann turnen »Die zwei Orgards«, ein alterndes Artistenehepaar aus Bochum.

Franz Groicher (85) macht zunächst einen Kopfstand auf einem umgestülpten Wasserglas, dann zwängt er sich mit seiner Frau Maria (61) gemeinsam durch einen Stahlring mit nur 38 Zentimetern Durchmesser. Als Gottschalk die beiden verabschiedet, ruft er der Lady in ihrem knappen weißen Trikot noch hinterher, dass sie sich nicht erkälten solle, denn »in diesem Alter muss man mit den Eierstöcken vorsichtig sein«. Im Studio wird gebuht, beim ZDF laufen die Telefone heiß und die Presse ist genauso empört wie die Artistin selbst: »Ein unverschämter Rüpel!«

Dieser Rüpel sitzt am Montag danach wieder in seiner Radioshow im Bayern-3-Studio, diesmal mit einem extralangen Büßerhemd, wie er witzelt, damit er sich nicht erkältet. Und trägt demütig sein Bußgebet vor: »Herr, vergib mir meine Schuld, ich hab's wirklich nicht gewullt!« Ein halbes Jahr später, am 21. März 1987, endet *Na sowas!* nach 75 Sendungen, im September übernimmt Gottschalk dann *Wetten, dass..?*, die Show seines Lebens.

## Wenn der Vater mit den Söhnen

Ziemlich bleich, fast ohnmächtig hockt Thomas Gottschalk am 5. November 1982 auf einem Stuhl im Starnberger Kreißsaal, während Thea den gemeinsamen Sohn Roman David auf die Welt bringt. »Er hat erschreckend schwarze Haare, aber nicht meine Nase«, so Gottschalks erster Eindruck. Nach einer Fehlgeburt im Vorjahr sind alle glücklich, dass Thea die komplizierte Kaiserschnittgeburt gut übersteht. Der

Wunsch nach einem Brüderchen ist groß, doch die Ärzte raten ab, zu groß ist die Gefahr einer neuerlichen Schwangerschaft. Also träumt das Ehepaar von einer Adoption.

Fünf Jahre stehen sie auf einer Liste im Jugendamt, bis es 1989 an einem heißen Augustmontag an der Haustür klingelt: »Herr Gottschalk, der Klapperstorch ist da«, sagt der Arzt aus der Kinderklinik und überreicht ein helles Wolldeckenbündel. Die leibliche Mutter hatte das Kind bereits vor der Geburt zur Adoption freigegeben. »Schon nach den ersten Minuten war Tristan unser Kind«, schwärmt sein neuer Vater. Anfangs heißt das blonde Baby noch Didi, bevor der von Richard Wagner inspirierte Name gefunden ist. Der knapp sieben Jahre ältere Roman ist überglücklich, dass er nicht mehr allein spielen muss.

Thomas Gottschalk ist bis heute stolz auf seine Söhne, die ihm »nach dem Fläschchen genauso oft das Bäuerchen auf die Schulter gerülpst haben« wie seiner Frau. Um beiden eine unbeschwerte Kindheit zu ermöglichen, zieht die Familie Mitte der 1990er-Jahre ins kalifornische Malibu, dort sind alle sicher vor neugierigen Journalisten. Mit 20 gibt Roman, der seine Eltern mit 1,90 Meter längst überragt, sein erstes Interview. Dabei erinnert er sich an eine Backpfeife, die er vom Papa bekam, weil er vor einer Eisdiele sein Hörnchen mit drei Kugeln Vanilleeis hatte fallen lassen.

Tristan arbeitet seit 2014 im New Yorker Büro des FC Bayern München. »Mein jüngerer Sohn ist bereits geschieden«, beklagt Thomas Gottschalk. Als Tristan mit 20 Vater und Ehemann wurde, meinte sein Vater, dass dies keine gute Idee sei, aber »er wusste das natürlich besser«. Ex-Frau Brittany lebt jetzt mit dem gemeinsamen Sohn Jamie in Berlin. Roman wiederum wohnt mit seiner Frau Melissa in San Diego. Als sie an Neujahr 2018 den gemeinsamen Sohn auf die Welt bringt, twittert Thomas Gottschalk sichtlich stolz: »Ich bin gerade Opa geworden, der Enkel heißt Sebastian.«

Obgleich Katholik, ist Gottschalk davon überzeugt, dass seine Enkelkinder eher von Algorithmen als durch Altäre beeinflusst werden. Er weiß ja, wie Roman und Tristan aufgewachsen sind, und befürchtet augenzwinkernd, dass sie »eher mich im Restaurant vergessen als ihr Handy«.

# Undercover in Bad Spänzer

Kaum ist *Piratensender Powerplay* verstummt, tauchen die beiden Zinkenträger Gottschalk und Krüger schon wieder als *Supernasen* auf der Leinwand auf, einem von Thea erdachten Markenzeichen. Sogar das Drehbuch schreiben sie inzwischen selbst. Tommy spielt einen Maskenbildner beim BR, der seinen Job verliert, weil er eine TV-Ansagerin mit Haarspray eingenebelt und dann auch noch tödlich beleidigt hat. Mike ist Student im 19. Semester, dem die Musik mehr Spaß macht, als stundenlang im Hörsaal zu sitzen. Beide brauchen Kohle und werden kurzerhand Detektive in Bad Spänzer (!), wo sie in verschiedene Masken schlüpfen. Auch Tommys Thea wirkt als Prinzessin Fatima mit, während ihr Gatte einen Scheich mimt.

Das *Lexikon des internationalen Films* spricht von einer »konventionellen Verwechslungskomödie, die vor allem durch die beiden Hauptdarsteller unterhält«. 2,75 Millionen Kinogänger sehen das ähnlich und hieven *Die Supernasen* schließlich auf Platz sechs der Charts, der erfolgreichste deutsche Film des Jahres 1983.

*Zwei Nasen tanken Super* heißt die unvermeidliche Fortsetzung. Diesmal gewinnen die beiden auf einer Automobilausstellung zwei Trike-Motorräder, die mit weltberühmten, aber gestohlenen Edelsteinen verziert sind. Anlass für wilde Verfolgungsjagden durch halb Österreich. Da Gottschalk gleichzeitig Werbung für McDonald's macht, spielen viele Szenen in Fast-Food-Restaurants. Auch dieses Roadmovie lockt wieder viele Menschen ins Kino, 2,4 Millionen sorgen für Platz acht der Jahrescharts 1984. Fürs Lexikon *Filme im Fernsehen* ein »filmischer Absturz ins Kintopp der Adenauer-Ära«.

Am 3. Oktober 1985 erlebt schließlich der letzte Film der beiden seine Leinwand-Premiere: *Die Einsteiger.* Hier spielt Mike Krüger den Erfinder eines interaktiven Videorekorders, der das »Einsteigen« in Filme ermöglicht, Mitbewohner Tommy ist ein erfolglos schriftstellernder Tankwart. Die beiden landen so in Filmen wie *Indiana Jones*, *Tanz der Vampire* oder *Rocky*, am Ende sogar in einem römischen Sandalenfilm zu Kaiser Neros Zeiten. Als Vampir wirkt der Kölner Hollywood-Schauspieler Udo Kier mit, für den Titelsong sorgt das italienische Duo Oliver Onions, bekannt aus zahlreichen Prügelwestern mit Bud Spencer und Terence Hill. Für diese Science-Fiction-Parodie erwärmen sich nur noch 1,3 Millionen Zuschauer, deshalb laufen *Die Supernasen* künftig getrennt weiter. Rückblickend ist Gottschalk stolz darauf, dass dieser Blödsinn für viele Teil ihrer Kindheit war: »Ein Stück Leichtigkeit, von der ihr in ernsteren Zeiten zehren könnt!«

## Auf Hasenjagd mit dem »Monaco Franze«

Einen legendären Cameo-Auftritt hat Gottschalk in der bayerischen Kultserie *Monaco Franze – der ewige Stenz*. Gleich in der ersten

Folge mimt er Ricky, den Türsteher der Diskothek »California New«. Er klärt Helmut Fischer, der seine (»Immer des Gschiss mit der«) Elli sucht, darüber auf, dass Disco und Schwabing »out« sind, dafür aber jetzt der »Tanzpalast« angesagt ist.

*Mama Mia – nur keine Panik* heißt die Komödie, mit der sie dann 1984 erstmals gemeinsam auf der Leinwand auftauchen: Krimiautor Fischer ist mit Uschi Glas verheiratet, die lässt sich von ihm scheiden und tröstet sich so lange mit Gottschalk, einem lässigen Lehrer, bis Fischer reumütig zurückkehrt. Ein »modisch aufpoliertes Surrogat abgedroschener Pauker- und Liebesschnulzen«, das nur 380 000 Zuschauer ins Kino lockt.

Trotzdem wird gnadenlos weitergedreht. *Zärtliche Chaoten* heißt der Film, den sie 1987 am Wörther See drehen. Vorlage für Gottschalks erstes Drehbuch ist der französische Erfolg *Drei Männer und ein Baby*. Der dritte Mann neben ihm und Fischer ist US-Schauspieler Michael Winslow, bekannt durch die *Police Academy*-Filme, in denen er, so Gottschalk, »durch das Herstellen eigenartiger Körpergeräusche aufgefallen war«. Diese drei Chaoten verlieben sich in Lehrerin Rosi, die plötzlich mit Drillingen schwanger wird. Zwei Millionen Kinogänger sind davon begeistert, weshalb es schon ein Jahr später *Zärtliche Chaoten II* gibt. Dieser Film ist aber keine Fortsetzung von Teil I, sondern Gottschalks Version der Science-Fiction-Komödie *Zurück in die Zukunft*. Mit einer Zeitmaschine reisen die drei Männer vom München des Jahres 2043 nach Gran Canaria und landen dort im Sommer 1988. Die weibliche Hauptrolle spielt Deborah Shelton, bekannt aus der Seifenoper *Dallas*, wo sie eine Geliebte von Ekel J. R. Ewing verkörpert. Für weiteren Hollywood-Glamour sorgt »Knight Rider« David Hasselhoff. Trotzdem verfolgen nur 1,2 Millionen Zuschauer diesen »müden, langweiligen und enttäuschenden Klamauk« aus dem Kinosessel.

»Diese Spielfilme gehören nicht zu den Glanzlichtern seiner Karriere«, schreibt Thomas Gottschalk später in seinem Nachruf auf Helmut Fischer. Privat verstanden sie sich gut, nur »als Filmpartner muss er mich gehasst haben«, gibt er zu. Vor allem die Drehbuchdialoge lassen Fischer schier verzweifeln: »Geh, sogs' hoit, wie's dosteht!« Gottschalk attestiert ihm, nie jemanden kennengelernt zu haben, der wie er »Humor, Kauzigkeit, Anstand und Freundlichkeit auf sich vereinigte«.

## Die affengeile Dauerwelle

»Der Thomas hatte keine Angst vorm Mikrofon, der war witzig«, erinnert sich Günther Jauch an sein erstes Hörerlebnis bei *Pop nach acht*. Im Winter 1978 sitzt er oft um 20 Uhr noch in seinem VW Käfer, stellt den Motor ab und lauscht ganz fasziniert, was Gottschalk im Radio so macht. Nur um die Sendung zu Ende zu hören, »habe ich gefroren wie ein Schneider«. Er überlegt sich, was er wohl machen müsste, um Gottschalks Aufmerksamkeit zu erregen. Mit seinem Babyface versucht er abends in die angesagten Münchner Clubs reinzukommen: »Ich hab mich von den Türstehern bei laufendem Mikrofon abwimmeln lassen.« Das Ergebnis collagiert er auf einem Tonband und präsentiert es Gottschalk.

Dem gefällt's so gut, dass er es noch am selben Abend in seiner Show spielt. So beginnt eine wunderbare Freundschaft, die darin gipfelt, dass auch Günther Jauch später eine Frau namens Thea heiratet …

1985 starten in München die ersten Privatsender; diese Konkurrenz für Bayern 3 soll Gottschalk mit seinem Charme in Schach halten. Sein Konzept für den Nachmittag gefällt den BR-Oberen. »Ich mach die Betreuung der schlichteren Gemüter«, sagt Gottschalk und meint die Frauen, die da ihren Abwasch machen. »Dann lasst ihr den Jauch einmarschieren für die politisch Interessierten.« So eine Art *Tagesthemen* für die Autofahrer auf dem Heimweg.

Jauch arbeitet gerade als politischer BR-Korrespondent in Bonn, lässt sich aber von Gottschalk »in die Unterhaltung reinquatschen«, und kehrt zurück in die Zentrale. Im Oktober 1985 hat die legendäre *B3-Radioshow* ihre Premiere: Thomas bestreitet die ersten beiden Stunden mit Musiker-Interviews, Klatschmeldungen und Rückblicken auf *Dallas* und den *Denver-Clan*. Günther lässt ab 16 Uhr den Tag journalistisch seriös Revue passieren. Weil er stets gut vorbereitet ist, taucht er schon früher im Studio auf, zu einem spontanen Schlagabtausch: »Dieses unbekümmerte einfach Drauflosreden und Dummes-Zeug-Erzählen war herrlich«, schwärmt Gottschalk heute noch. Die improvisierten Übergaben sorgen für Gesprächsstoff in ganz Bayern und sind bis heute Radiokult.

Die beiden rufen die Hörer zu einem Wettbewerb auf, gesucht wird ein Untertitel für ihre Radioshow. Unter den vielen Vorschlägen ist ein »Affe mit gefletschten Zähnen, darunter stand: ›Die affengeile Dauerwelle‹«, erinnert sich Jauch. Der Einsender gewinnt 500 Mark. Bevor der Aufkleber, der dann in ganz Bayern auf den Autos pappt, in Druck gehen kann, sorgt er wegen des Wortes »geil« für senderinternen Ärger: »Den musste der Intendant höchstpersönlich genehmigen!«

## Gottschalks Gottvater der Popmusik

»No Milk Today« von Herman's Hermits heißt die erste Single, die sich Thomas Gottschalk

1966 »beim Musik-Franz in Kulmbach« kauft, wo er zuvor schon sein erstes Album erstanden hat: *Rubber Soul* von den Beatles. Seitdem verehrt er Paul McCartney, das Idol seines Lebens. Als Gottschalk in den 1970er-Jahren als Stationssprecher bei Bayern 3 anfängt, ärgert er sich darüber, dass er dessen »wunderbares ›Yesterday‹ in der Fassung vom Orchester Kurt Edelhagen« ansagen muss. Später freut er sich, dass er in seiner eigenen Show *Pop nach acht* eine ganze Woche lang nur Musik der Fab Four spielen kann – sehr zur Freude der Hörer.

Kaum hat Gottschalk das *Wetten, dass..?*-Erbe von Frank Elstner übernommen, begrüßt er Paul McCartney kurz vor Heiligabend 1987 in Ludwigshafen: »Wenn er reinkommt, überzieht sich mein Rücken mit einer wohligen Gänsehaut.« Paul singt seinen aktuellen Weihnachtshit »Once Upon a Long Ago« und sieht sich im Talk mit Thomas keinesfalls als lebende Legende: »Ich bin ein ganz normaler Mensch!«

Den nächsten Auftritt des Ex-Beatle erlebt Gottschalk 1993 nur als Zuschauer vor dem Bildschirm. Ein Jahr zuvor hatte er die Show wegen seines Wechsels zu RTL (*Gottschalk Late Night*) an den Ostberliner Wolfgang Lippert abgeben müssen, ebenfalls ein großer McCartney-Maniac. Diesmal gastiert die Show in Saarbrücken und Paul singt seinen Radio-Ohrwurm »Hope of Deliverance«. Danach kämpft er auf der Couch mit Schweißperlen, Lippert streichelt ihn erst mit der Hand an der Stirn, bevor er sein Taschentuch zückt und ihn mehrmals umständlich abtupft. Gottschalk zu Hause traut seinen Augen nicht und denkt sich: »Das kann der mit einem Puhdy machen«, aber doch bitte nicht mit seinem Lieblings-Beatle. Sofort ruft er beim ZDF an und protestiert energisch.

Mit Erfolg: »Lippi« darf insgesamt nur neun Mal moderieren, bevor Gottschalk wieder »seine« Show übernimmt. Beim nächsten Mal (1999) überrascht ihn der inzwischen zum Sir geadelte McCartney, als er gerade aus der Dusche kommt: »Dem Helden meines gesamten Lebens mit nassen Haaren zu begegnen«, ist ihm zwar peinlich, Paul aber »völlig wurscht«, für ihn ist Thomas einfach »ein großartiger Bursche«.

Im Advent 2001 kommt *Wetten, dass..?* aus Dresden, dort sitzt Paul McCartney mit seiner zweiten Frau Heather Mills auf dem Sofa. Gottschalk nötigt ihn dazu, eine sächsische Blaskapelle zu dirigieren. So marschiert der berühmteste Musiker der Welt mit einem riesigen Tambourstab in der Hand durch die Halle. Diesmal klingt »Yesterday«, der am häufigsten gecoverte Song der Popgeschichte, nicht wirklich wunder-, sondern eher seltsam sonderbar.

## Der unverschämte Buntstiftlutscher

Am 3. September 1988 wird in der Stuttgarter Schleyer-Halle Fernsehgeschichte geschrieben: Ein Wettkandidat namens Thomas Rautenberg behauptet, dass er 36 bunte Bleistifte am Geschmack erkennen könne. Sein Wettpate ist Schauspieler Jürgen Prochnow (*Das Boot*). Gottschalk setzt dem Mann mit markantem Schnäuzer eine schwarze Skibrille mit bunten Punkten auf, testet mit einer kurzen Handbewegung, ob sie dicht ist und los geht's. Zielsicher erkennt der Kandidat den ersten Buntstift: »Schmeckt edel, das ist Goldocker.«

Gottschalk ist beeindruckt und reicht ihm noch vier weitere. Auch die kann er locker bestimmen, die Wette ist gewonnen.

Verständlich, dass Gottschalk nun wissen will, wie er das gemacht hat. »Ich habe keine Ahnung«, antwortet er und gibt sich zu erkennen: »Ich heiße Bernd Fritz und bin ein unbescholtener *Titanic*-Redakteur.« Gottschalk ist zum ersten Mal sprachlos und findet nur mühsam wieder Fassung und Worte. Fritz greift in sein Sakko und zieht triumphierend einen Pappdeckel mit einem *Titanic*-Cover raus: »Wo wir euch beschissen haben, steht im nächsten Heft!«

Drei Wochen lang rätseln die Boulevardmedien, wie er das wohl gemacht hat, dann des Rätsels Lösung: Ein Münchner Grafiker namens Rautenberg hatte Ende Juni in der *Titanic*-Redaktion angerufen und Chefredakteur Fritz verraten, dass er sich aus Jux beim ZDF für *Wetten, dass..?* beworben und eine Zusage bekommen habe. »Wollt ihr da nicht was draus machen? Ich trau mich nicht!« Gesagt, getan. Unter falschem Namen fährt Fritz nach Stuttgart, verlangt eine Buntstiftmarke mit passenden Farbaufschriften und täuscht einen Schnupfen vor, damit er sich bei den Proben selbst ein Geschirrtuch vor die Augen binden kann, um besser zu spicken. Und so macht er das auch vor den Augen von 20 Millionen Zuschauern. Die Brille lag nicht ganz an seiner Nasenwurzel an. Gottschalk findet diesen Betrug zwar gemein, gibt aber auch seiner Redaktion eine Teilschuld: »Irgendjemand hätte ja merken können, dass die alle gleich schmeckten.«

Seitdem wurden in der Show nur noch betrugssichere, enganliegende Taucherbrillen eingesetzt, mit einem jeweils zur Wette passenden Accessoire. Und was wurde aus Bernd Fritz, der sich laut Gottschalk »ins kognitive Gedächtnis der Deutschen gemogelt hat«? Der unverschämte Lutscher bleibt noch zwei Jahre *Titanic*-Chef und muss immer wieder erzählen, wie er die Nation genarrt hat. Am Ostersonntag 2017 nimmt er sich in seinem pfälzischen Geburtshaus das Leben, er wurde 71 Jahre alt. Gottschalk nimmt traurig zur Kenntnis, »dass sich auch ein Spaßvogel nicht ewig durchmogeln kann«.

# Bambi-Skandal mit Happy End

»Wie kaputt ist Gottschalks Ehe?«, fragt die *Bunte* im Sommer 1988 und rührt alle bis dato kursierenden Gerüchte über sein Liebesleben zusammen. Schon 1984 hatte er öffentlich zugegeben, dass es gewaltig kriselte, weshalb Thea und er nach London zogen: »Dort wollten wir unsere Liebe neu entdecken.« Zurück in München wird ihm eine Affäre mit einer Wirtstochter namens Sonja nachgesagt, weshalb Thea drauf besteht, dass die Familie umziehen müsse, von Weßling nach Inning am Ammersee.

Bei den Dreharbeiten zu *Zärtliche Chaoten II* auf Gran Canaria soll er sich sehr intensiv um seine Filmpartnerin Deborah Shelton gekümmert haben. Die beiden sollen viele Stunden auf ihrem Hotelzimmer verbracht haben, um »private Zärtlichkeiten auszutauschen«, die Gottschalk so begründet: »Weil ich so gut Englisch spreche.« Prompt reist Gattin Thea für drei Tage an, um die Fotografen davon zu überzeugen, dass Gottschalk noch verheiratet ist.

Als nächste ist Nicole Boettcher an der Reihe, die 24-jährige Tochter von Schauspielerin Grit Boettcher. Die Mama bestätigt der *Bunten*, dass die beiden »wirklich verknallt« waren. »Wenn ich auspacken würde, sähe der Gottschalk schlecht aus!« Der aber leugnet hartnäckig, ein intimes Verhältnis mit der Blondine zu haben. Fehlt noch das dänische Model Brigitte Nielsen, die Ex von Sylvester »Rocky/Rambo« Stallone. Mit ihr soll er sich an Bord eines Airbus vergnügt haben. Gottschalk versichert jedoch, dass er niemals mit ihr »auf irgendeiner Toilette« gewesen sei, »wohl aber mit einer *Bunten*«.

Trotzdem ärgert er sich ziemlich über diesen Artikel und antwortet via *Abendzeitung* mit einem offenen Brief. Seine Ehe habe schon einige *Bunte*-Chefredakteure überstanden und sie wird »auch die nächsten überstehen«. Er packt seine drei Bambis in eine Plastiktüte und gibt sie dort ab, wo die *Bunte* erscheint: Beim Pförtner des Burda-Verlags in München. Und moderiert danach 13-mal die *Goldene Kamera* für die Konkurrenz, den Hamburger Axel-Springer-Verlag.

Nach 13 Jahren Funkstille tritt er 2001 erstmals wieder bei einer Bambi-Verleihung auf. In Berlin hält er eine Laudatio auf Günther Jauch und überreicht ihm ein goldenes Reh für die beste TV-Moderation. Jauch überrascht ihn damit, dass er jetzt nicht nur einen »Sonder-Bambi« bekäme, sondern obendrauf noch seine ersten drei zurück, in der gleichen Plastiktüte. Angesichts der Vielzahl der verliehenen Trophäen vermutet Gottschalk, dass hier demnächst noch der »Bambi für das Luder des Jahres« vergeben werden könnte.

## Der mit dem Geweih umrührt

Clemens Wilmenrod hieß 1953 der erste deutsche Fernsehkoch, er erfand Gerichte wie Toast Hawaii, Arabisches Reiterfleisch und Gefüllte Erdbeeren. Alfons Schuhbeck wird gut 30 Jahre später der erste deutsche Radiokoch. Schuld daran sind Thomas Gottschalk und Günther Jauch, die den Ingwer-Papst öfter in seinem »Kurhausstüberl« in Waging am See besuchen. Kurz darauf bekocht »der Alfons« bei Gottschalks zu Hause Stars wie

Pierre »Winnetou« Brice oder Topmodel Claudia Schiffer.

Bevor der *Gault-Millau* Schuhbeck 1989 zum »Koch des Jahres« kürt, holt Thomas ihn in seine *B3-Radioshow*: »Da ließ ich ihn mit ausgefallenen Rezepten auf meine Hörerinnen los.« Vor allem bei Wildgerichten bringt er ihn oft zum Schwitzen: »Der wollte immer mit dem Geweih umrühren«, erinnert sich Schuhbeck und revanchiert sich bald für diesen medialen Karrierestart. Gottschalk wird nie vergessen, wie der Starkoch an Heiligabend plötzlich vor seinem Haus am Ammersee stand »und eine Feinschmeckerplatte mit Hummer und Pastetchen schwenkte«. Auch als er in New York seinen 60. Geburtstag feiert, fliegt Schuhbeck ein und bekocht die Gäste.

Schon früh sorgt »Mister Universum« Arnold Schwarzenegger dafür, dass Gottschalk und Schuhbeck fit bleiben, dieses Trizeps-Trio trifft sich regelmäßig in einem Münchner Fitnesscenter.

2004 erwirbt Gottschalk das Schloss Marienfels am Rhein, dazu gehört auch ein Schiffsanleger. Er kauft sich ein kleines Motorboot und gründet die »Marinekameradschaft Lohengrin«, zu ihr gehört neben Schuhbeck auch Fritz Egner, er sorgt mit seinem gut bestückten MP3-Player für passende Musik an Bord. So schippern sechs Seemänner einmal im Jahr über deutsche Flüsse oder ankern vor der türkischen Küste. Tagsüber herrscht striktes Alkoholverbot, Gottschalk angelt, filetiert selbst die Beute und mimt den Mundschenk: »Thomas sorgt immer dafür, dass es seinen Gästen gut geht«, lobt Schuhbeck. Absoluter Höhepunkt dieser Jahresausflüge ist eine Fahrt über die Spree in Berlin. Dort stehen sie kadettengleich in blauen T-Shirts auf dem Deck und salutieren vor dem Kanzleramt. Bis heute glaubt Gottschalk, »dass die Kanzlerin milde lächelnd durch den Vorhang blickte«.

»Thomas ist einer meiner fünf besten Freunde«, sagt Schuhbeck heute stolz. »Er hat ein großes Herz, ist zielstrebig und großzügig« und man könne sich immer auf ihn verlassen. Wenn Gottschalk mit seinen Kindern in München ist, dann bestellt er in seinem Restaurant gerne eine Currywurst. Wenn aber Karina, die neue Frau an

Gottschalks Seite, dabei ist, verrät der Starkoch schmunzelnd, »dann gibt's nur einen Salat!«

## Eine Mischung aus Elferrat und Zentralkomitee

Gottschalks schnoddrige Art kommt beim Publikum gut an, nur die BR-Hierarchen sehen das anders, allen voran der Rundfunkrat, hier erntet der große Blonde wegen seiner flotten Sprüche oft Kopfschütteln. »Besser vier Kinder vom eigenen Mann, als eins von vier anderen«, gratuliert er einer Mutter von Vierlingen am Hörertelefon. Dafür muss er sich am nächsten Tag entschuldigen, lästert aber ungeniert weiter: »Im Funkhaus laufen einige Pfeifen rum.« Dieser Satz erzürnt den Vertreter der katholischen Kirche, er fordert deshalb ein Mikrofonverbot für Gottschalk, kann es aber nicht durchsetzen.

Als Gottschalk im November 1986 zum »B3-Musik-Koordinator« ernannt und damit programmverantwortlich wird, muss er auch an Sitzungen des Rundfunkrats teilnehmen, was er natürlich im Radio kommentiert: »Das ist eine Mischung aus Elferrat und Zentralkomitee!« Hörfunkdirektor Udo Reiter denkt sich insgeheim: »Die beste Charakterisierung, die man überhaupt finden kann«, muss ihn offiziell aber trotzdem abmahnen. Doch das ist noch nicht der Höhepunkt des jahrelangen Kampfs zwischen Radiorebell und Aufsichtsgremium.

Im Mai 1989 verliert Gottschalk bei seiner *Wetten, dass..?*-Show in Innsbruck die Saalwette gegen Gerti Senger, die Sex-Expertin des ORF. Sein Einsatz vor 16 Millionen Zuschauern: Eine Stunde Sexberatung in Bayern 3! Das versetzt die BR-Oberen in helle Aufregung, Udo Reiter befürchtet, dass der BR als »prüder Spielverderber der Nation ausgelacht wird«. Deshalb muss Gottschalk die Sendung mit einem Sexual-Psychologen aufzeichnen, sie wird erst abends ausgestrahlt. Harmlose Plaudereien, nichts für Voyeure. Auf die Frage einer Hörerin, wo denn die erogenen Zonen des Mannes lägen, antwortet Gottschalk schelmisch, dass sie anfangen solle, in der Mitte zu suchen, »dann sind Sie schon ganz nah dran«.

Doch tags drauf lästert er schon wieder in seiner Live-Sendung: »Lieber ein Sexrat als viele Rundfunkräte!« Diese fordern erneut Konsequenzen, diesmal mischt sich sogar Intendant Reinhold Vöth ein. Er macht Gottschalk klar, dass der BR »das einseitige Benutzen eines Mikrofons in eigener Sache« auf gar keinen Fall akzeptieren werde. Und was macht der prominente Plattenplauderer? Er reagiert via *Bild-Zeitung*: »Öffentlich-rechtliche Abmahnungen nehme ich inzwischen zur Kenntnis wie Steuerbescheide.« Er weiß, dass seine Fans hinter ihm stehen: »Ich habe einen großen Papierkorb. Rausschmeißen kann mich nur das Publikum!« Ein paar Wochen später verabschiedet er sich freiwillig vom Mikrofon.

## Grabrede für einen »Schlagerfuzzi«

Warum hält Thomas Gottschalk die Trauerrede am Grab von Roy Black? Um sein schlechtes Gewissen zu beruhigen, das ihn seit 1975 plagt. Damals arbeitet er als junger Journalist für den *Münchner Merkur* in Freising, wo Roy Black mit einem Tourneetheater Station macht und Gottschalk eine Kritik darüber schreiben soll. Das Stück heißt *Warum lügst Du, Cherie?* und ist eine belanglose Liebesgeschichte, die nur dazu dient, dass der Schmusesänger seine großen Hits »Ganz in Weiß« und »Du bist nicht allein« singen kann. Neben Thomas sitzt auch seine Freundin Thea im Publikum und himmelt Roy an: »Der sieht viel besser aus, als ich dachte.« Das genügt, der eifersüchtige Thomas schreibt einen Verriss, der sich gewaschen hat.

Roy Black ist natürlich ein Künstlername, geboren wurde er als Gerhard Höllerich südlich von Augsburg. Schon zu Schulzeiten wird er wegen seiner pechschwarzen Haare »Blacky« genannt, sein musikalisches Idol war Roy Orbison (»Pretty Woman«). Im Herbst 1963 gründet er die Rock'n'Roll-Band Roy Black and his Cannons. Doch die ersten Singles werden ein Flop, bis die dritte den Durchbruch bringt: »Du bist nicht allein« säuselt er 1965 – jetzt solo – mit weichem Timbre in der Stimme. Der Hochzeitsklassiker »Ganz in Weiß« verkauft sich kurz darauf mehr als 2,5 Millionen Mal und verändert sein Leben für immer.

»Er war eine gespaltene Persönlichkeit«, erinnert sich Gottschalk an die erste persönli-
che Begegnung: »Ich bin's, der Schlagerfuzzi«, so stellt Roy sich vor. »Und ich war noch
ein Radio-Rocker«, verteidigt sich Gottschalk
rückblickend. Die beiden verbindet viel: Um-
schwärmt von den Frauen, bewundert wegen ihrer Haarpracht und erfolgreich mit an-
spruchslosen Filmen.

Im Fernsehen feiert Roy Black ein großes Comeback als Hotelerbe Lenny Berger im *Schloss am
Wörthersee*. Während der Dreharbeiten verabschiedet er sich am 9. Oktober 1991 vom Set
und fährt zu einer Fischerhütte im oberbayeri-
schen Heldenstein. Seit seiner Geburt litt er an
einem Herzfehler und war schon zweimal ope-
riert worden. Das wird ihm nun zum Verhäng-
nis, in dieser Nacht stirbt er im Alter von nur
48 Jahren an Herzversagen.

Seine Hinterbliebenen bitten Gottschalk, die
Trauerrede zu halten, für ihn das erste Mal.
»Als Gerhard Höllerich hat er gelitten, gezwei-
felt und auch Fehler gemacht«, sagt er vor gut
4000 Menschen und ergänzt: »Als Roy Black

hat er gestrahlt, war stark und wurde bewundert.« Der ehemalige Neidhammel von Freising wünscht ihm auf dem Friedhof in Göggingen: »Mögen die beiden in der Ewigkeit zusammenfinden!«

## Goldlocken und Gummibärchen

Es geschah an einem Samstagabend in Bonn: Hans Riegel, Chef des Süßwarenkonzerns Haribo, guckt *Wetten, dass..?* und wundert sich: »Wonach greift der Gottschalk bloß immer in seinem Glas?« Er schaut noch mal genauer hin und erschrickt: »Das sind ja meine Gummibären!« In der Tat: Während jeder Sendung futtert Gottschalk stets nur diese bunten Fruchtgummis. Riegel will ihn unbedingt für seine Firma gewinnen, muss aber feststellen, dass der Entertainer noch für McDonald's wirbt.

Die beiden Herren treffen sich kurz darauf sehr diskret in Salzburg. Wegen des Hamburger-Vertrags dauert es noch zwei Jahre, bis der firmeneigene »Haribote« am 1. April 1991 stolz verkünden kann: »Der TV-Liebling wird seine Popularität in Zukunft für Haribo-Produkte einsetzen.« Sein geschätztes Honorar: 3 Millionen Mark.

Die Familiengeschichte der Riegels und Gottschalks weist einige Parallelen auf: Beide kommen aus einer Familie mit drei Kindern, wuchsen in einer Kleinstadt auf und verloren früh ihren Vater. Das schweißt zusammen trotz der 27 Jahre Altersunterschied. Einmal treten sie sogar gemeinsam in einem Werbespot auf, in dem Hans Riegel den Lockenkopf warnt: »Du darfst alles essen, aber nicht alles wissen!« Eine Anspielung darauf, dass Haribo seine Umsatzzahlen sowie die Gummibärchen-Rezeptur ebenso geheim hält wie Gottschalk sein weiteres Honorar.

Für die Werbespots werden Starregisseure wie Helmut Dietl *(Monaco Franze)* oder Xaver Schwarzenberger *(Otto – der Film)* verpflichtet. Darin werden oft Kindheitsmythen wie Cowboys oder Indianer verarbeitet, ein Spot wird sogar im Grand Canyon gedreht, durch den sich der Colorado-River gefräst hat, passend zum Lakritz- und Fruchtgummi-Mix »Color-Rado«. In Bonn ist man zufrieden: »Der Erfolg sprengt alle Tüten.«

Gottschalk und die Goldbären bilden eine Symbiose, die sage und schreibe 24 Jahre lang hält und ihm dafür sogar einen Eintrag ins *Guinness-Buch der Rekorde* bringt. Nach 260 TV- und 140 Radiospots ist im November 2014 Schluss mit fruchtig. Ein Jahr zuvor war sein Mentor Hans Riegel mit 90 Jahren gestorben. Die neue Firmenleitung setzt nun auf Michael »Bully« Herbig, er soll jüngere Käufer anlocken, doch sein Vertrag endet nach nur vier Jahren. Für Gottschalk waren die Goldbären ein Glücksfall: »Manche wissen gar nicht mehr, wer zuerst da war.«

## Literaturpapst trifft polnische Pornoqueen

Lange vor Harald Schmidt etabliert Thomas Gottschalk zwischen 1992 und 1995 die *Late-Night-Show* im deutschen Fernsehen. Unvergessen, wie die polnische Pornoqueen Teresa

Orlowski auf den lispelnden Literaturpapst Marcel Reich-Ranicki traf. Gottschalk erinnert sich, wie dessen Augen leuchteten, als die »dralle Brünette im engen Lederfummel zu ihm aufs Sofa plumpste«. Beim Talk geht es weniger um Bücher, weil Reich-Ranicki unbedingt wissen will: »Sagen Sie, Verehrteste: Zeigen Sie auch Selbstbefriedigung?« Sie bejaht, er ist zufrieden und Gottschalk auch: »Der Höhepunkt meines bisherigen Schaffens in der deutschen Fernsehlandschaft.«

Danach sitzt der polnische Jude öfter auf der *Wetten, dass..?*-Couch, ihn und Gottschalk verbindet nun eine »schlitzohrige Fröhlichkeit«, die darin gipfelt, dass er beim 80. Geburtstag in der Frankfurter Paulskirche ebenso reden darf wie Ex-Bundespräsident Richard von Weizsäcker und *FAZ*-Herausgeber Frank Schirrmacher. Der intellektuelle Ritterschlag für den vom Feuilleton bisher eher belächelten Entertainer.

Reich-Ranicki ist auch dabei, als Gottschalk Günther Jauch bei *Wer wird Millionär* gegenüber sitzt und bei der Millionenfrage – ausgerechnet Literatur – zunächst passen muss. Doch sein Telefonjoker weiß natürlich, dass Franz Kafkas letzte Lebensgefährtin Dora Diamant hieß.

Im Herbst 2008 kommt es beim Deutschen Fernsehpreis in Köln zum Eklat. Marcel Reich-Ranicki soll den Ehrenpreis für sein legendäres *Literarisches Quartett* (1988–2001 im ZDF) erhalten. Doch der Abend zieht sich, wie sich Ex-WDR-Intendant Friedrich Nowottny erinnert: »Harte Stühle, heißer Saal, Klimbim, Klamauk und Klamotte.« Als der 88-Jährige endlich an der Reihe ist, weigert er sich kategorisch, den gläsernen Obelisken anzunehmen: Er fände es schlimm, dass sie »so viel Blödsinn gesehen haben«. Bühnenmoderator Gottschalk rettet die Show, indem er Reich-Ranicki spontan eine eigene Diskussionssendung über die Qualität des deutschen Fernsehprogramms anbietet. Doch die eine Woche später ausgestrahlte Plauderei der beiden ändert daran nichts.

Dafür darf Gottschalk dann in der *FAS* als Reich-Ranickis »Zauberlehrling« Leserfragen beantworten, bis zu seinem Tod im September 2013. Sohn Andrew bittet ihn, auf der Trauerfeier zu sprechen. Am Sarg erinnert Gottschalk als »Grüßaugust der Nation« an ihre ungewöhnliche Beziehung und dankt ihm dafür, dass er schon früh «mit erkennbarer Lust den Elfenbeinturm des Feuilletons« verlassen habe.

## Heimlicher Sektenbruder bei Scientology?

Anfang der 1990er-Jahre gab es ein »Sensationsmagazin« auf Sat.1, das den Namen *Akut* trug. In der 76. und letzten Folge lässt Moderator Karlo Malmedie (vorher beim *ZDF-Mittagsmagazin*) im Juli 1993 eine Bombe platzen. Er behauptet, dass Thomas Gottschalk zum internationalen Führungskader der umstrittenen Scientology-Sekte gehören würde. Um das zu belegen, verweist er auf die beliebten Spielfilme *Kuck mal, wer da spricht* mit dem bekennenden Scientologen John Travolta in der Hauptrolle. Gottschalk hatte ihn zu

*Wetten, dass..?* eingeladen und öffentlich umarmt. Aber damit nicht genug: Gottschalk hatte Travoltas Filmbaby Mikey für ein Honorar von 250 000 Mark synchronisiert, im Original war Bruce Willis zu hören.

Darüber hinaus habe er sich während einer Karibikkreuzfahrt auf dem Sektenschiff »Freewinds« schulen lassen. Außerdem könne es doch kein Zufall sein, dass Scientology sein Internationales Hauptquartier in Clearwater (bei Los Angeles) habe, wo doch Gottschalks Anwesen auch dort in der Nähe sei. Als letzten Beweis führt Sat.1 an, dass Gottschalks Firma Soll und Haben ihren Sitz am Frankfurter Ring 195 habe, Tür an Tür mit der Münchner Niederlassung der deutschen Scientology-Kirche. Was die »Sensationsreporter« dabei aber völlig übersehen hatten: Gottschalk ist hier sogar Vermieter der Sekte, besitzt einen 33-Prozent-Anteil an diesem Bürokomplex. »Da waren wir wohl ein wenig blauäugig«, muss sein Manager Antonio Geisler zugeben.

Der tagsüber mehrmals angekündigte Beitrag läuft am Dienstagabend um 22.30 Uhr, Gottschalk wird davon in Kalifornien überrascht. »Als bekennender Katholik«, dementiert er sofort, »distanziere ich mich eindeutig von dieser Gruppe!« Natürlich könnte das Ganze auch eine Verwechslung sein, aber ein österreichischer Sektenbruder bestätigt: »Das ist schon der Gottschalk!« Kurz darauf nimmt er diese Behauptung wieder zurück. Sat.1-Informationsdirektor Heinz Klaus Mertes, zuvor Chef des Politmagazins *Report München*, entschuldigt sich umgehend bei Gottschalk für diesen Beitrag, der »ohne jede journalistische Beweisführung« zusammengeschustert und gesendet worden war.

Was wirklich geschah: Im schweizerischen Thun wohnte ein Namensvetter, von Beruf Hauptschullehrer, acht Jahre jünger als unser Thomas Gottschalk, seit 1982 bekennendes Sektenmitglied. Er hatte die Kreuzfahrt absolviert und an einem Kurs in Clearwater teilgenommen. Allerdings liegt dieses Clearwater nicht in Kalifornien, sondern in Florida und beherbergt das spirituelle Zentrum von Scientology.

# Heidi, deine Welt sind die Fruchtgummi-Zwerge

Ihre Haare sind noch braun, als sie im kleinen Schwarzen die Treppe bei *Gottschalk Late Night* herabschreitet. Die 18-jährige Schülerin lächelt schüchtern und bringt vor lauter Aufregung kaum ein Wort raus. Soeben hat Heidi Klum aus Bergisch Gladbach den Wettbewerb »Model '92« gegen 25 000 Konkurrentinnen gewonnen. Ein paar Monate vorher musste ihre Freundin Karin sie dazu überreden, die beiden hatten die Anzeige beim Blättern in der *Petra* entdeckt. Thomas Gottschalk spürt genau, wer da jetzt vor ihm steht: »Nach Claudia Schiffer jetzt unsere Heidi!« Ihr Preis: Ein Dreijahresvertrag über 300 000 Dollar. Eigentlich wollte sie ja lieber den zweiten Preis, einen roten Opel Corsa.

Den ersten Modeljob in Miami lehnt sie noch ab: »Erst wollte ich mein Abitur machen.« Drei Jahre in Folge lächelt sie vom Cover des *Otto-Katalogs*. Später in Paris und Mailand wirft man ihr vor, sie sehe so amerikanisch aus. Also zieht sie dorthin, mitten nach Manhattan, nicht ohne sich vorher ihren Namen patentrechtlich schützen zu lassen. Die Investition lohnt sich: Als erste Deutsche ziert sie 1998 in einem sexy Bikini das Wintercover von *Sports Illustrated* und wird in die wichtigsten Talkshows eingeladen. Dort jodelt sie oder redet über ihre Brüste, die sie Hans und Franz nennt. Als Star in den USA gelingt Heidi Klum jetzt auch in ihrer Heimat der Durchbruch, normalerweise läuft es umgekehrt.

Die clevere Geschäftsfrau wandelt zielsicher auf Gottschalks Spuren: Er hatte seinen ersten großen Werbevertrag mit McDonald's und auch sie wirbt fünf Jahre lang für diesen Burgerbrater. Er wird Deutschlands bekanntester Gummibär, sie steckt sich beim Lackieren ihrer Fußnägel Fruchtgummis der Konkurrenz zwischen die Zehen. In den USA wirbt sie sogar für Bonbons, die im Rheinland »Klümschen« heißen. Obendrein lässt sie sich sogar ihre Beine versichern: 1,5 Millionen Dollar für das eine, das zweite wegen einer Narbe nur für 1 Million.

2003 startet US-Topmodel Tyra Banks die TV-Show *America's Next Topmodel,* das bringt Heidi Klum auf die Idee einer deutschen Version. Seit 2006 sorgt sie mit ihrer schrillen Stimme für Hysterie unter pubertierenden Mädchen. Zum Saisonfinale 2019 lädt sie Thomas Gottschalk ein. Der sagt nur zu, weil sie ihm verspricht, zu seiner letzten *Wetten, dass..?-* Show am 7. November 2020 zu kommen. So hockt er auf dem Sofa neben Tyra Banks, wirkt völlig deplatziert und urteilt treffsicher über eine von Heidi inszenierte Pseudo-Hochzeit, bei der er die Trauringe reichen soll: »Das hier ist doch alles großer Kinderfasching!«

## Wehe, wenn Schimanski sauer ist

Samstagabend, 10. Oktober 1998: *Wetten, dass..?* kommt aus der Weser-Ems-Halle in Oldenburg. Neben Michael Schumacher und Eros Ramazzotti ist auch Schauspieler Götz George zu Gast, der ewige Duisburger *Tatort*-Kommissar Horst Schimanski. Der 60-jährige Publikumsliebling hat gerade den Psychokrimi *Solo für Klarinette* abgedreht und soll den Film auf Wunsch seines Regisseurs passend zum Kinostart bewerben. Gottschalk besucht ihn kurz vor Showbeginn in der Garderobe und verblüfft George damit, dass er den Film gar nicht gesehen habe, ihn aber trotzdem drauf ansprechen will.

George wird stinksauer und kann seinen Ärger auch später auf der Couch kaum verbergen. Gottschalk stellt ihn als einen Mann vor, der »Auftritte in Unterhaltungssendungen noch mehr liebt als Interviews mit der *Bild*-Zeitung«. George merkt an, dass er wohl in der falschen Veranstaltung sei, beschimpft Gottschalk als Oberlehrer, erinnert ihn an seine alten *Supernasen*-Filme und kontert: »Thomas, ich dachte, du bist ein bisschen erwachsener geworden.«

Da fängt das Publikum an zu buhen und auch Schauspielerin Corinna Harfouch, die ein paar heiße Sexszenen mit ihm gedreht hat, kann nur gequält lächeln, sie sitzt mitten zwischen den Streithähnen. George gibt weiter den Spielverderber und muss kräftig schlucken, als Gottschalk ihn mit den Worten »Götz, lass es, es bringt nichts« abwürgt. Knapp 14 Millionen Zuschauer vor den Fernsehbildschirmen wundern sich, warum George sich so dünnhäutig zeigt. »Es blieb mir gar nichts anderes übrig, als ihn zu versenken«, sagt Gottschalk rückblickend.

Fünf Jahre später, im November 2003, ist der inzwischen graubärtige George erneut zu Gast bei *Wetten, dass..?*, begleitet von Christiane Hörbiger. *Alpenglühen* heißt der gemeinsame Film, der beworben werden soll. Ebenfalls mit auf der Couch: Boris Becker. Daheim sitzt wieder die gesamte Nation gespannt vor der Glotze: Würden sich die Doppel-Gs wieder streiten? Und tatsächlich: Diesmal wird es noch heftiger als beim ersten Mal, aber es ist ein inszenierter Streit. Kurz vor der Show hatte Gottschalk vorgeschlagen, das alte Zerwürfnis noch einmal aufzugreifen, um es endgültig ad acta zu legen. George hat das Saalpublikum auf seiner Seite, als er frotzelt: »Ich sitze halt nicht 40 Jahre auf einer Couch.« Gottschalk gönnt ihm den Triumph und erinnert sich an frühere Treffen: »Der ist privat manchmal lustiger als der Boris!«

# Tanz der taumelnden Titanen

Die zweite deutsche Wiedervereinigung findet im März 1998 bei *Wetten, dass..?* statt: Elf Jahre nach seiner Trennung steht das Pop-Duo Modern Talking vor einer Trennwand wie bei *Herzblatt* und Thomas Gottschalk stellt vor 16 Millionen Zuschauern die entscheidenden Fragen, erst an Thomas Anders: »Willst du deinen Partner Dieter in Zukunft ehren?«, dann an Dieter Bohlen: »Wirst du deinen Partner in Zukunft immer gut behandeln?« Beide antworten mit »Ja« und starten so ihr weltweites Comeback.

Vier Jahre später ist Dieter Bohlen erneut zu Gast und stellt seine Biografie vor. Gottschalk verliert seine Saalwette und muss deshalb an der Heinrich-Heine-Universität in Düsseldorf aus diesem Buch vorlesen. 1000 Studenten drängeln sich in den Hörsaal und johlen, als Gottschalk viele peinliche Passagen über Bohlens Busenfreundinnen vorliest, bevor er Heinrich Heine zitiert: »Hast du vertrauten Umgang mit Damen? Dann schweig, Freundchen, stille!« Anschließend wird er sogar noch zum Ehrenrektor ernannt.

In der nächsten *Wetten, dass..?*-Show kommt es gar zum Kuss-Kuss-Exzess: Zuerst küsst Rockstar Meat Loaf Gottschalk (»weil er so niedliche blonde Locken hat«) so leidenschaftlich, dass der glaubt, diese Vibration an Dieter Bohlen weitergeben zu müssen: »Der Kuss kam von Herzen, ich musste mich nicht überwinden.« Fünf Sekunden dauert seine Mund-zu-Mund-Attacke auf den Pop-Titanen, der danach analysiert: »Gottschalk schmeckt nach Gummibärchen und küsst besser als Verona!«

Da war die Welt noch in Ordnung. Aber 2012 kommt es dann zu dem, was Gottschalk den »Tanz der taumelnden Titanen« nennt: Er hat *Wetten, dass..?* an Markus Lanz abgegeben, heuert bei Dieter Bohlens *Supertalent* an und landet in der Casting-Hölle von RTL. Als Puffer zwischen den beiden Platzhirschen sitzt die mit ihrem Lächeln alles überstrahlende Michelle Hunziker in der Jury. Doch dieses Format überfordert Gottschalk, der bis dato meist Live-TV gemacht hat. Zwölf Folgen lang verfinstert sich seine Miene immer mehr, während die »Karawane des Schreckens« an ihm vorbeizieht und er schließlich einsehen muss: »Ich saß erkennbar im falschen Film.« Oft wird er sich gedacht haben: »Ich bin ein Star, holt mich hier raus.«

Kurz vor seinem 70. Geburtstag philosophiert er bei Sandra Maischberger übers Älterwerden und erklärt, dass er Botox ablehne, »sonst ende ich wie Bohlen«. Der schlägt ungewohnt aggressiv zurück: »Selbst im Sarg werde ich nicht so alt aussehen wie er.«

# One-Hit-Wonder mit den »Besorgten Vätern«

Aus Bremen kommt Anfang 2001 die *Wetten, dass..?*-Ausgabe, in der Gottschalk mal wieder die Saalwette verliert. Was muss er nun machen? Er soll beim deutschen Vorentscheid für den *Eurovision Song Contest* antreten – gegen so kuriose Konkurrenten wie den exzentri-

schen Münchner Modezaren Rudolf Mosham-
mer oder den aus dem *Big-Brother*-Container
bekannten Zlatko Trpkovski. Der Kfz-Mechani-
ker mit mazedonischen Wurzeln hatte ein Jahr
zuvor mit seiner Single »Ich vermiss Dich wie
die Hölle« einen Nummer-eins-Hit in Deutschland und Österreich gelandet.

Doch direkt nach der Sendung werden Zweifel
laut, ob bei dieser verlorenen Wette auch alles
mit rechten Dingen zugegangen ist. Statt der
erforderlichen 50 erschienen nur 15 Zuschauer mit einem Bauchladen voller Krimskrams in
der Weserhalle. Dutzende weitere Zuschauer
seien angeblich von »böswilligen ZDF-Mitar-
beitern« am Betreten der Halle gehindert worden, nur damit Gottschalk die Wette verliert.
Nach einer Woche zieht er die Reißleine und
schreibt in einem offenen Brief: »Mein Gau-
di-Auftritt wurde zum Heiligen Krieg.« Aus
dem lockeren Spaß wurde bitterer Ernst, der
in einer Kapitulation endet: »Ich hisse die wei-
ße Flagge und ergebe mich!«

Doch auf seinen selbst getexteten Song »What
Happened To Rock'n'Roll« will er trotzdem

nicht verzichten. In nur zwei Tagen nimmt er diese Abrechnung mit der gerade angesagten modernen Popmusik (»Ich hab' die Schnauze voll«) mit sechs Begleitmusikern in einem Studio in Los Angeles auf. Mit dieser Combo, die er »Besorgte Väter« nennt, tritt er in der nächsten *Wetten, dass..?*-Sendung auf. Dabei zwängt er sich in eine schwarze Lederkluft mit Nietenjacke, trägt ein T-Shirt von Guns N' Roses und lässt sich von seinem alten Kumpel Günther Jauch ansagen, der als Wettpate auf der Couch hockt.

Dieser Auftritt in bester Status-Quo-Manier vor knapp 15 Millionen Zuschauern genügt, eine Woche später steht diese Liebeserklärung an die gute alte Rockmusik auf Platz vier der deutschen Hitparade. Deutschlands berühmtester Chorleiter Gotthilf Fischer findet es einen Jammer, dass Gottschalk »mit dieser tollen Nummer nicht beim Grand Prix antritt«. Den gesamten Erlös spendet Gottschalk einer Behinderten-Werkstatt im sächsischen Zwickau. Und er verspricht, künftig nur noch in der heimischen Badewanne zu singen. An seiner Stelle fährt die Schwarzwälder Schlagersängerin

Michelle zum ESC nach Kopenhagen, sie erreicht dort mit ihrer Ballade »Wer Liebe lebt« einen respektablen Platz acht.

## Ein dienstlicher Kuss mit Michelle

Die Schweizerin Michelle Hunziker ist in Italien genauso bekannt wie Thomas Gottschalk bei uns. 1995 wirbt sie für String-Tangas, was ihr das Etikett »Italiens schönster Po« beschert. Als sie ihren damaligen Ehemann Eros Ramazzotti zu *Wetten, dass..?* begleitet, fällt sie Frank Elstner auf. Er ruft sie an und fragt: »Warum kommst du nicht ins deutsche Fernsehen?« Mit seinem Sohn Thomas moderiert sie dann *Erstes Glück*, eine Sendung, in der Prominente sich an ihren ersten Kuss erinnern. So wird auch RTL auf die stets fröhliche Blondine aufmerksam. Neben Carsten Spengemann moderiert sie ab 2002 die ersten beiden Staffeln von *Deutschland sucht den Superstar*. Als Jury-Mitglied Dieter Bohlen eine Platte mit ihr aufnehmen will, lehnt sie dankend ab.

Im Sommer 2009 kommt der nächste Anruf aus Deutschland, diesmal ist Thomas Gottschalk dran. Er erwischt sie, als sie gerade im Kino sitzt: »Sie hat vor Freude so laut geschrien«, erinnert er sich, »dass es das ganze Kino mitbekommen hat.« Michelle soll seine Assistentin werden und sich um die Wettkandidaten kümmern. »Thomas und ich harmonieren sehr gut«, sagt sie schwärmerisch: »Der Mann ist pure Lebensfreude.« Michelles gute Laune ist ansteckend, bringt frischen Schwung in die Show, mit ihrem strahlenden Zahnpasta-Lächeln verzaubert sie die ganze Nation. »Sie ist frei von jeder Zickigkeit«, bestätigt Gottschalk.

Als Prinz William Kate Middleton heiratet, beschwert Michelle sich tags drauf in der Show über den viel zu kurzen royalen Hochzeitskuss. »Ich wette, Thomas, wir können das toppen!« Sie spitzt ihre Lippen, küsst ihn leidenschaftlich und sagt augenzwinkernd: »Es ist dienstlich, Thea weiß es«, worauf er antwortet: »Hat aber nicht dienstlich geschmeckt …« Nach seiner letzten Show in Friedrichshafen kullern dicke Tränen über ihre Wangen: »Der Abschied tat mir weh.«

Dieter Bohlen holt sie dann als »Sahnehäubchen« in die *Supertalent*-Jury: »Die hab ich vielleicht gelöchert, dass sie kommt.« In einer Folge sitzt sie auf einem Schaukelbrett, dessen Seil ein Kraftsportler mit seinem Gebiss hält. Federleicht schleudert er sie im Kreis herum, doch dann verlassen ihn die Kräfte und Michelle knallt auf den Boden. Sie landet im Krankenhaus, mit leichter Gehirnerschütterung und geprelltem Steißbein. Gottschalk und Bohlen atmen tief durch, die (aufgezeichnete) Show kann weitergehen.

Im April 2017 feiert die ARD Frank Elstners 75. Geburtstag, Höhepunkt der dreistündigen Show ist ein vielumjubeltes ABBA-Revival: Thomas Gottschalk imitiert Björn mit Glitzergitarre, Günther Jauch ist Piano-Man Benny und Barbara Schöneberger gibt die dunkelhaarige Anni-Frid. Michelle verkörpert natürlich die blonde Agnetha, als dreifache Mutter singt sie besonders inbrünstig »Mamma Mia«.

# Die Tragödie des Samuel Koch

Der 4. Dezember 2010 verändert Gottschalks Leben für immer. Der *Wetten, dass..?*-Zirkus macht an diesem Samstag Station in Düsseldorf. Weltstars wie Cher, Robbie Williams, Phil Collins und Justin Bieber warten noch auf ihre Auftritte, als das eigentlich Unmögliche passiert: Samuel Koch, ein 23-jähriger Hobby-Stuntman aus Südbaden, versucht mit Sprungstelzen (»Powerisern«) ihm entgegenfahrende Autos zu überspringen.

Am Vorabend trifft Gottschalk den bis in die Haarspitzen motivierten Leistungsturner an der Hotelbar und warnt ihn davor, dass »übertriebener Ehrgeiz kontraproduktiv wirken könne«. Und fragt ihn auch, ob es denn nicht reichen würde, wenn er nur über ein paar Kleinwagen und nicht auch noch über ein paar Limousinen springen müsse. Aber Samuel besteht darauf, weil er diese Wette genauso eingeübt habe. »Sein Ehrgeiz war größer als meine Bedenken«, erinnert sich der Showmaster.

24 Stunden später sagt er: »Top, die Wette gilt!« Um 20.31 Uhr überspringt Koch mühelos den ersten Smart, den nächsten Mini schafft er erst im zweiten Anlauf, dafür klappt's bei der ersten Limousine wieder auf Anhieb. Um 20.38 Uhr rollt Wagen Nummer vier an, am Steuer sitzt ausgerechnet Vater Christoph. Als ob er das Unglück ahnen würde, fragt sich Gottschalk, was es für ein Gefühl sein müsse, wenn einem »sein eigener Sohn vors Auto läuft«. Mutter Marion sitzt im Publikum und muss mitansehen, wie ihr Sohn erst mit dem Kopf auf die Dachkante des Audi prallt und dann unkontrolliert auf den Hallenboden knallt, wo er regungslos liegen bleibt. Die Zuschauer sind geschockt, so etwas Schreckliches ist in 28 Jahren *Wetten, dass..?* noch nie passiert. Das ZDF unterbricht die Live-Übertragung für ein »Best of« alter Sendungen. Während ein Rettungsteam Samuel Erste Hilfe leistet, richtet sich ein hilfloser Gottschalk an die Gäste in der Halle: »Sie sehen mich am Ende meiner Kunst.« Um 21.15 Uhr bricht er die Show auch fürs TV-Publikum ab: »Bis wir wissen, wie es Samuel geht, werden wir nicht weitermachen.«

Der nach dem Unfall querschnittsgelähmte Samuel Koch wird zunächst in Düsseldorf, später dann in einer Schweizer Spezialklinik behandelt. Dort besucht ihn Gottschalk immer wieder, bevor er im Dezember 2011 nach 151 Shows mit *Wetten, dass..?* aufhört. Zeitgleich wird Samuel Koch entlassen und schreibt dann seine Autobiografie *Zwei Leben*. Drei Jahre später besteht er in Hannover die Schauspielprüfung. Bei Dreharbeiten zur ARD-Telenovela *Sturm der Liebe* verliebt er sich in seine Kollegin Sarah Elena Timpe, die beiden heiraten im Sommer 2016. Seit der Spielzeit 2018/2019 gehört Samuel Koch zum festen Ensemble des Mannheimer Nationaltheaters. Sein neues Lebensmotto verdankt er Friedrich Nietzsche: »Wer ein Warum zum Leben hat, kommt mit jedem Wie zurecht!«

## Til Schweiger auf der Flucht

Mitten in München, in Gehweite zum Karlsplatz (Stachus), liegt der Promenadeplatz. Hier steht seit 1841 das Grandhotel »Bayerischer Hof«, es verfügt über 337 Zimmer, ein eigenes

Boulevardtheater, ein kleines Kino und fünf verschiedene Bars. Und im 6. Stock mit Zimmernummer 672 die wohl ungewöhnlichste, aber auch persönlichste Luxussuite in ganz Deutschland. Seit Herbst 2011 residiert Thomas Gottschalk hier, wenn er in der Stadt ist. An den anderen Tagen ist seine Suite für jedermann zu buchen – für maximal 2850 Euro pro Nacht.

Das Hotel befindet sich seit Jahrzehnten im Familienbesitz, seit 1992 führt Innegrit Volkhardt die Geschäfte. Als Gottschalk mit dem Wunsch kam, eine Suite ganz nach seinem doch eher exzentrischen Geschmack zu gestalten, war sie sofort Feuer und Flamme. Der Umbau dauerte ein Jahr, beim Einrichten konnten Thomas und Thea sich nach Herzenslust austoben: Schwarzer Granit (»Nero Assoluto«) im Bad, gebeiztes Eschenholz und mit Spezialbürsten gestrichene Wände sorgen laut Hotelwerbung für »seidige Anmut«. Das Sideboard im Schlafgemach ist mit Flüssigmetall überzogen, um den »goldenen Charakter noch besser zu unterstreichen«. Herzstück der Suite ist das Doppelbett mit einem riesi-

gen gold-schwarzen Sprayer-Porträt, das Gottschalk mal nach einer *Wetten, dass..?*-Show
erhielt. »Da müssen andere Gäste schon tapfer
sein«, warnt Gottschalk vor einer unüberleg-
ten Buchung seiner Suite.

Am Eingang grüßt ein raumhoher Comic-Po-
part-Engel, natürlich aus Los Angeles, der
»Stadt der Engel«. Auf 89 Quadratmetern verteilt finden sich ein paar seiner zahlreichen Eh-
renpreise. Ein Bambi (*Bunte*), ein Otto (*Bravo*),
eine Goldene Kamera (*HörZu*) und ein Paar
handsignierte Pumps von Hollywood-Diva
Liz Taylor, die in ihrer Paraderolle als Pharao-
nin Kleopatra bekanntlich gerne in Esels- oder
Stutenmilch badete. Die gesamte Privatsuite
wirkt wie eine Mischung aus Kunstmuseum
und Dominastudio.

»Das war das grausamste Zimmer, in dem ich
je war«, sagt Schauspieler und Regisseur Til
Schweiger. Er war dort abgestiegen, ohne zu
ahnen, was ihn erwarten würde. Er flüchtet
Hals über Kopf: »Nach drei Minuten war ich
wieder raus!« Gottschalk nahm auch das mit
Humor und machte sich seinen eigenen Reim

drauf. Schweiger musste wohl deshalb wieder ausziehen, weil er unter Gottschalks Konterfei nicht schlafen konnte oder »seine junge Freundin nur zu mir geguckt hat«.

## Wetten, dass Gottschalk auch Spaß versteht?

Im Rahmen der Dreharbeiten zu *Zwei Nasen tanken Super* fahren Mike Krüger und Thomas Gottschalk 1984 mit ihren dreirädrigen Choppern über die Münchner Leopoldstraße. Kurz vorm Odeonsplatz geraten beide in eine Verkehrskontrolle. »Haben Sie schon mal was von Helmpflicht gehört?«, fragt der Polizist, der ihre Personalien überprüfen will. Gottschalk hofft auf den Prominentenbonus und stellt vor: »Das ist Mike Krüger, ich bin Thomas Gottschalk.« Doch den Streifenpolizisten beeindruckt das überhaupt nicht. »Dann bin ich der Polizeipräsident«, antwortet er trocken und verpasst ihnen ein Knöllchen über 60 Mark wegen Fahrens ohne Helm und Papiere. Weil der Polizist zudem glaubt, dass Gottschalk womöglich alkoholisiert ist, lässt er ihn auch noch blasen. Kräftig pustet er in den Schlauch – unterbrochen von einigen Lachanfällen – und bläst so unbemerkt einen Luftballon auf. Kurz vorm Platzen zeigt sich die Karikatur eines Spaßvogels und Gottschalk merkt, dass ihn das *Verstehen Sie Spaß*-Team von Kurt Felix reingelegt hat.

35 Jahre später spaziert er in Begleitung eines Freundes durch die Innenstadt von Bad Wörishofen. Vor dem Schaufenster einer örtlichen Buchhandlung bleibt er irritiert stehen. Die gesamte Auslage ist dekoriert mit dutzenden Taschenbüchern seiner ersten Autobiografie *Herbstblond* – zum Ramschpreis von nur 3,99 Euro. »Das ist ja das falsche Buch, die spinnen wohl«, lautet seine erste Reaktion. »Soll ich das denen mal sagen?«, fragt er den Freund und betritt den Laden. Die Buchhändlerin zeigt sich ahnungslos, weiß nichts davon, dass längst schon sein zweites Buch *Herbstbunt* erschienen ist.

Als Gottschalk im Regal ein einzelnes Exemplar seines aktuellen neuen Buchs entdeckt, nimmt er es in die Hände und erschrickt: »Da habt ihr ja den neuen Umschlag auf dem alten Buch!« In diesem Moment betritt eine junge Frau mit ihrer Großmutter den Laden und beschwert sich darüber, dass man ihr so ein Fake-Exemplar angedreht hat. »Die im Verlag sind ein bisschen verstrahlt!«, meint Gottschalk und muss nun miterleben, wie eine junge Japanerin reinkommt und sich ebenfalls über Gottschalks neuestes Werk aufregt. Hinter ihrem *Herbstbunt*-Umschlag verbirgt sich das Buch *Bienenleben* von TV-Köchin Sarah Wiener. Die Japanerin will trotzdem ein Autogramm, auch im falschen Buch. »Da sind ja schon Maden drin«, witzelt Gottschalk, signiert ihr aber trotzdem Wieners Buch.

Plötzlich hört er durchs Fenster vertraute Musik: »Das ist ja Status Quo!« Nicht ganz, nur eine Coverband, angeführt von Moderator Guido Cantz und gefolgt von einem riesigen Flashmob. Jetzt fällt auch bei Gottschalk der Groschen, er geht raus und macht fröhlich mit. Statt »Whatever You Want« singen und rocken alle gemeinsam »Verstehen Sie Spaß?«.

# Eine neue Liebe ist wie ein neues Leben

Die kalifornischen Wälder haben schon öfter gebrannt, ohne dass Familie Gottschalk sich ernsthaft Sorgen gemacht hätte. Aber ausgerechnet am 43. Hochzeitstag (11.11.2018) wird die historische Windmühle in Malibu von einer gewaltigen Feuerwalze überrollt und brennt bis auf die Grundmauern nieder. Thomas moderiert gerade eine Veranstaltung in München, am nächsten Morgen verrät er auf Bayern 1, was genau passiert ist. Thea habe sich die Katzen geschnappt und die Katzenklos, aber »mein Rilke ist verbrannt«. Gemeint ist das Gedicht *Der Panther* von Rainer Maria Rilke, das der österreichische Lyriker etwa 1902 handschriftlich verfasst hatte. Außerdem habe Thea »dann auch das billigste Auto genommen, der Rest ist verglüht«. Das klingt sehr herzlos, wenig einfühlsam und viele wundern sich, warum Gottschalk nicht sofort den nächsten Flieger nach Los Angeles besteigt: »Ich habe kein Interesse, mir die Asche meines Besitzes anzugucken.« Man brauche sich aber keine Sorgen zu machen, denn er sei »sehr gut versichert«.

Was niemand ahnt: Seine so oft bewunderte Vorzeige-Ehe mit Thea ist zu diesem Zeitpunkt schon gescheitert. Drei Monate vorher trifft er auf dem 70. Geburtstag des TV-Produzenten Werner Kimmig im Europapark Rust die SWR-Mitarbeiterin Karina Mroß. Um neben ihr sitzen zu können, tauscht er die Tischkärtchen aus und ist beeindruckt, dass sie »weder ein Selfie mit mir wollte« und ihn auch nicht damit nervt, dass sie mit ihm aufgewachsen sei. Hals über Kopf verliebt er sich in die attraktive Blondine, »was mich ziemlich aus der Bahn geworfen hat«. Auch den Jahreswechsel 2018/19 feiert er nicht mehr bei Thea, sondern lieber mit seinem alten Kumpel Fritz Egner auf der »Bayern-1-Silvesterparty« im Münchner Funkhaus. Dort hatten beide schon in den 1980er-Jahren die Faschingsballbesucher gerockt.

Publik wird das Ehe-Aus erst im März 2019, einen Tag, bevor die erste Folge von *Gottschalk liest?* im BR Fernsehen läuft. Seitdem zeigt er sich mit der 12 Jahre jüngeren Karina gerne auf roten Teppichen oder singt für sie auf dem Münchner Oktoberfest »Marmor, Stein und Eisen bricht«. Gemeinsam leben die beiden jetzt in Baden-Baden in einer »gemieteten renovierten Dachwohnung«, mit einem »hübschen Blick auf den Merkur«. Die beschauliche Kurstadt ist sein neuer Lebensmittelpunkt. Was liegt da näher, als die Radiosendung in München aufzugeben? Sein Arzt habe ihn gewarnt, witzelt er, es sei hochriskant, »wenn ich wie bisher einmal im Monat das Bett verlasse«. Zum Abschied spielt er den Song, mit dem einst seine Radiokarriere beim BR begonnen hatte: »Wild West Hero« vom Electric Light Orchestra. Der klinge immer noch gut, nur er selbst sähe nicht mehr ganz so gut aus: »Ich habe doch viele Kräfte in diesem Hause gelassen.«

# Nachwort

Mein erster Kontakt zu Thomas Gottschalk datiert aus dem Frühjahr 1983. Ich studierte Landwirtschaft in Freising und durfte als »zugereister Preuße« beim Studentenfasching in der Weihenstephaner Mensa Platten auflegen. Den entsprechenden Veranstaltungstipp schickte ich auch an den BR, wo Gottschalk mittags in Bayern 3 *Thommys Radio-Show* moderierte. Und tatsächlich wies er ganz Bayern auf diese Party hin, mehr als 1500 junge Leute kamen, tanzten zu meiner Musik und ich wurde fortan von meinen Kommilitonen voll akzeptiert – trotz meiner rheinischen Herkunft.

Nach dem Studium landete ich beim Südwestfunk in Baden-Baden, wo ich aktuelle Nachrichtensendungen moderierte. Eines Tages erhielt ich Post von einem ehemaligen Bonner Klassenkameraden, der gerade in München Jura studierte. Er schickte mir zwei Audiokassetten mit »Übergaben« von Thomas Gottschalk an Günther Jauch aus der legendären *B3-Radioshow*. Er hatte das mitgeschnitten, was damals Gesprächsstoff in bayerischen Klassenzimmern, Kneipen und Büros war. Im BR wurde so etwas nie archiviert, umso größer die Freude, als ich 1992 beim Wechsel zu Bayern 3 diese »Kronjuwelen deutscher Radiogeschichte« mitbrachte.

Persönlich lernte ich die Legende im März 2002 kennen, als er zum ersten Mal seit 13 Jahren wieder im Radio war, an der Seite von Katja Wunderlich moderierte er die *MorningShow* auf Bayern 3. Danach schenkte ich ihm eine meiner One-Hit-Wonder-CDs, auf der auch seine Titelmusik von *Pop nach acht* drauf war. Was ihn sehr freute, denn endlich konnte er den »Tanz der Pelikane« kratzerfrei genießen. Spontan signierte er mir das Cover der alten Vinylsingle mit »Keep Rockin'«.

Ausführlich mit Gottschalks Vita beschäftigte ich mich kurz vor dem 40. Geburtstag »seines« Senders. Unser persönlicher Interviewtermin platzte leider, weil zwei Tage zuvor der schreckliche Unfall mit Samuel Koch passierte. Also verfasste ich mein Porträt »Der respektlose Radio-Rebell« aus Archivartikeln. Wenige

Tage vor dem Stichtag (1. April 2011) schickte ich Gottschalk ein Exemplar meiner Jubiläumsbox *40 Jahre Bayern 3* in seine Münchner Hotelsuite, verbunden mit der Bitte, doch bei *Stars & Hits* mit Thorsten Otto vorbeizuschauen. Postwendend sagte er zu, nicht ohne zu erwähnen, wie gut ihm das Porträt gefallen habe.

Die Gelegenheit, ihn endlich mal aus erster Hand zu interviewen, bekam ich im Dezember 2015 im Rahmen des BR-Projekts *Zeitzeugen*. Diesmal saß er auf unserer Couch und plauderte eine Stunde lang über seine glorreichen Radiozeiten. »Dieses Unbekümmerte, dieses einfach Drauflosreden, dieses auch mal Dummes-Zeug-Erzählen«, verriet er mir, »das war herrlich«, auch wenn er sich dafür am nächsten Tag entschuldigen musste. Diese Art von Radio war »eben nicht so bekannt und wurde auch nicht so gepflegt«.

Seine unverwechselbare Art konnte er aber noch einmal ausleben. Seit März 2013 stand er wieder am Mikrofon im Bayern-3-Studio, dort wo alles begann. Im Wechsel mit seinen alten Freunden Fritz Egner, Jürgen Herrmann, Fred

Kogel und Jim Sampson moderierte er sporadisch den *Kultabend*, bevor er im Januar 2017 seine neue, regelmäßige Heimat bei Bayern 1 fand. Zum Start bat mich der *Münchner Merkur*, ihn persönlich zu begrüßen. »Willkommen daheim, Thomas« lautete die Überschrift meines offenen Briefes. Ein Foto von uns beiden schmückte ein Wochenende lang ganz München, es hing auf jedem Zeitungsverkaufsständer im Stadtgebiet.

Heute ist Baden-Baden dank Karina sein neuer Lebensmittelpunkt. Bei unserem jüngsten Treffen verblüffte ich ihn mit dem Hinweis, dass ich Karina schon ziemlich lang kenne. Sie war nämlich die Freundin eines Mit-Volontärs, als ich 1987 beim *SWF* anfing. Damals war ich – nicht zuletzt ihretwegen – häufig im Zeitungsarchiv, wo sie mich tatkräftig bei meinen Recherchen unterstützte. Gottschalk zückte sofort sein Handy und verband mich mit ihr, die Wieder»hörens«freude auf beiden Seiten war groß.

Nicht weit entfernt von Baden-Baden, in Offenburg, gibt es am 7. November 2020 ihm zu

Ehren noch einmal *Wetten, dass..?*. Baggerfahrer und Gedächtniskünstler üben schon fleißig für den vermutlich letzten Auftritt dieses großen Entertainers in »seiner« Show.

Toi, toi, toi, Thomas!

# Quellen

### »Da Gottschalk hot a Inderra«

Tim Pröse: *Samstagabendhelden*, Wilhelm-Heyne-Verlag, München 2018, S. 255–256

Tim Pröse: »Die Geheimnisse des Thomas G.«, in *Focus*, 3.2.2014

Gert Heidenreich: *Thomas Gottschalk – Die Biographie*, DVA, München 2004, S. 78–81

Thomas Gottschalk: *Herbstblond*, Heyne-Verlag, München 2015, S. 19

### Der Berliner »Bruder« Gregor Rottschalk

Thomas Gottschalk: *Herbstblond*, Heyne-Verlag, München 2015, S. 46–51

Gert Heidenreich: *Thomas Gottschalk – Die Biographie*, DVA, München 2004, S. 69–75

### Abitur mit Hängen und Würgen

Sabine Schütz: »Mein Abitur war tragisch«, in *Frankenpost*, 28.1.1988

»Radioshow-Übergaben mit Günther Jauch«, aus *40 Jahre Bayern 3*, 1.4.2011

Thomas Gottschalk: *Herbstblond*, Heyne-Verlag, München 2015, S. 54–57

Tim Pröse: *Samstagabendhelden*, Wilhelm-Heyne-Verlag, München 2018, S. 256–258

### Ein Kavalier, der auch noch bügeln kann

Gert Heidenreich: *Thomas Gottschalk – Die Biographie*, DVA, München 2004, S. 93–99, 111 f.

Thomas Gottschalk: *Herbstblond*, Heyne-Verlag, München 2015, S. 75–78, 267

Susanne Hermanski: »In München war ich erst mal nichts«, Interview mit Thomas Gottschalk, in *Süddeutsche Zeitung*, 19.7.2018

»Wie haben Sie es all die 25 Jahre zusammen ausgehalten? – Thomas und Thea Gottschalk erklären ihre Ehe-Rezepte. Das Silberne-Hochzeit-Interview«, in *Bild*, 10.11.2001

Angela Zent: »Das Liebes-Ultimatum seiner Thea«, in *Neue Post*, 7.11.2001

### Büro-Ehe mit »Herman The German«

Ulli Wenger: Interview mit Jürgen Herrmann im Oktober 2019

Ulli Wenger: Interview mit Jürgen Herrmann als »BR-Zeitzeuge«, 21.3.2018

### TV-Premiere mit ramponierter Gesichtshälfte

Gert Heidenreich: *Thomas Gottschalk – Die Biographie*, DVA, München 2004, S. 108

Thomas Gottschalk: *Herbstblond*, Heyne-Verlag, München 2015, S. 88–89

*Szene '76* mit der Gruppe Kiss, bei YouTube: https://www.youtube.com/watch?v=SX5iwVy6Uvk

»Szene (Fernsehsendung)«, bei Wikipedia: https://de.wikipedia.org/wiki/Szene_(Fernsehsendung)

## Sophie Scholl ist keine Fußpflegerin

Gottschalk-Brief vom 2.4.1979 an BR-Intendant Reinhold Vöth im Historischen Archiv des BR

Gert Heidenreich: *Thomas Gottschalk – Die Biographie*, DVA, München 2004, S. 100 f., 117–119

Thomas Gottschalk: *Herbstblond*, Heyne-Verlag, München 2015, S. 90–97

## Ping-Pong in Baden-Baden

Christian Richter: »Der Fernsehfriedhof: Game of Tones«, in *Quotenmeter*, 30.4.2015, http://www.quotenmeter.de/n/77918/der-fernsehfriedhofgame-of-tones

Sven Stillich: »Pling, plong, Gottschalk«, bei *Spiegel Online*, 10.10.2008, https://www.spiegel.de/geschichte/wie-alles-anfing-a-947959.html

## Deutschlands erster Rapper mit GLS United

CD-Booklet zu »Ulli Wengers One-Hit-Wonder Vol. 11«, erschienen bei Ganser & Hanke in Hamburg 2009

»GLS United«, bei Rapedia: http://rapedia.de/index.php/GLS_United

Maxi-Version von »Rappers Deutsch«, bei YouTube: https://www.youtube.com/watch?v=ActPcK1KT-I

## Bei Gottschalk auf der Psycho-Couch

Ulli Wenger: Gespräch mit Fritz Egner am 11.11.2019

Thomas Gottschalk: *Herbstblond*, Heyne-Verlag, München 2015, S. 97, 359 f.

### Früh aufstehen für Günther Jauch

Gert Heidenreich: *Thomas Gottschalk – Die Biographie*, DVA, München 2004, S. 195–210

Thomas Gottschalk: *Herbstblond*, Heyne-Verlag, München 2015, S. 364

»Jeder fährt den gleichen Slalom«, Gespräch mit Thomas Gottschalk und Günther Jauch, im *Spiegel*, 25.9.1989

### Luxemburg ist lukrativer

Frank Elstner: *Wetten Spaß*, Herder-Verlag, Freiburg im Breisgau 2012, S. 149–150

Thomas Gottschalk: *Herbstblond*, Heyne-Verlag, München 2015, S. 107 f.

Gert Heidenreich: *Thomas Gottschalk – Die Biographie*, DVA, München 2004, S. 133

»RTL Radio Luxemburg Chronik 1957–1990«, Sonderheft des *Radio-Journals*, 2013, S. 31, 34

»Als Junggeselle in Düsseldorf«, in der *Abendzeitung*, 12.7.1982

### Lateinlehrer im Kloster Ettal

Manfred Hart: »Aber Tommy, palatium heißt doch nicht Palatschinken«, in der *Abendzeitung*, 27.3.1982

Nadja Hoffmann: »Ehepaar Gottschalk im Kloster Ettal«, in der *TZ München*, 16.8.2010

### Piratensender Powerplay

Gert Heidenreich: *Thomas Gottschalk – Die Biographie*, DVA, München 2004, S. 78–81

Thomas Gottschalk: *Herbstblond*, Heyne-Verlag, München 2015, S. 240 f.

»Piratensender Powerplay«, bei Wikipedia: https://de.wikipedia.org/wiki/Piratensender_Powerplay

»Immer der Nase nach«, in *Der Freitag*, 5.1.2012

Arno Luik: Interview mit Katja Flint, in *Max*, 1.3.2000

## Mit Eierstöcken muss man vorsichtig sein!

Gert Heidenreich: *Thomas Gottschalk – Die Biographie*, DVA, München 2004, S. 140–145

Thomas Gottschalk: *Herbstblond*, Heyne-Verlag, München 2015, S. 104–106

Gustav Jandek: »Thomas Gottschalks Geschmackslosigkeit«, in *Bild*, 20.10.1986

»Thomas Gottschalk im Büßerhemd«, in *Augsburger Allgemeine*, 21.10.1986

Klaus Kinski bei *Na sowas!*, bei YouTube: https://www.youtube.com/watch?v=I8aJYg8FEHc

Der Eierstöcke-Skandal bei YouTube: https://www.youtube.com/watch?v=97wHSTSs5-w

## Wenn der Vater mit den Söhnen

Gert Heidenreich: *Thomas Gottschalk – Die Biographie*, DVA, München 2004, S. 139 f., 211 f.

Thomas Gottschalk: *Herbstbunt*, Heyne-Verlag, München 2019, S. 85–98

»So geht es Thea nach dem Ehe-Aus«, in *Bunte*, 28.03.2019

Gerhard Merk: »Hurra, ich bin Papa!«, in *Abendzeitung*, 09.11.1982

»Das heimliche Familiendrama«, in *Das Neue Blatt*, 19.03.2003

Tanja May: »Wie er neue Liebe und Familie meistert«, in *Bunte*, 18.07.2019

## Undercover in Bad Spänzer

Thomas Gottschalk: *Herbstblond*, Heyne-Verlag, München 2015, S. 242 f.

»Die Supernasen«, bei Wikipedia: https://de.wikipedia.org/wiki/Die_Supernasen

»Zwei Nasen tanken Super«, bei Wikipedia: https://de.wikipedia.org/wiki/Zwei_Nasen_tanken_Super

»Die Einsteiger«, bei Wikipedia: https://de.wikipedia.org/wiki/Die_Einsteiger

## Auf Hasenjagd mit dem »Monaco Franze«

Sybille Krafft: *Helmut Fischer – der unsterbliche Stenz*, Langen-Müller-Verlag, München 2006, S. 172–174

Thomas Gottschalk: *Herbstblond*, Heyne-Verlag, München 2015, S. 242 f.

Thomas Veszelits: »Gottschalks Qual vor der Kamera«, in *Quick*, 05.08.1987

»Mama Mia nur keine Panik«, bei Wikipedia: https://de.wikipedia.org/wiki/Mama_Mia_-_Nur_keine_Panik

»Zärtliche Chaoten«, bei Wikipedia: https://de.wikipedia.org/wiki/Z%C3%A4rtliche_Chaoten

»Zärtliche Chaoten II«, bei Wikipedia: https://de.wikipedia.org/wiki/Z%C3%A4rtliche_Chaoten_II

## Die affengeile Dauerwelle

Ulli Wenger: Interview mit Günther Jauch als »BR-Zeitzeuge« fürs Historische Archiv des BR, 19.11.2010

Ulli Wenger: Interview mit Thomas Gottschalk als »BR-Zeitzeuge« fürs Historische Archiv des BR, 15.12.2015

Gert Heidenreich: *Thomas Gottschalk – Die Biographie*, DVA, München 2004, S. 160–168

Thomas Gottschalk: *Herbstblond*, Heyne-Verlag, München 2015, S. 19

### Gottschalks Gottvater der Popmusik

Thomas Gottschalk: *Herbstblond*, Heyne-Verlag, München 2015, S. 72, 151–155

Interview mit Thomas Gottschalk, im *Stern*, 23.04.2015

Paul McCartneys *Wetten, dass..?*-Auftritte, bei YouTube: https://www.youtube.com/watch?v=midg2EhmK2w

### Der unverschämte Buntstiftlutscher

»Die Chronik einer Fernseh-Schandtat«, in *Frankfurter Allgemeine Zeitung*, 12.12.2014

»Zunge zeigen: Zum Tod von Bernd Fritz«, in *Frankfurter Allgemeine Zeitung*, 18.04.2017

Thomas Gottschalk: *Herbstblond*, Heyne-Verlag, München 2015, S. 131

Thomas Gottschalk zum Tod des Satirikers Bernd Fritz, DPA, 19.04.2017

### Bambi-Skandal mit Happy End

»Wie kaputt ist Gottschalks Ehe?«, in *Bunte*, 21.07.1988

Thomas Gottschalk: »Aufgemerkt, *Bunte*, und alle bunten Blätter, die es angeht«, in *Abendzeitung*, 28.07.1988

»Im Fluge genommen«, in *Der Spiegel*, 01.08.1988

»Burdas Friedensangebot«, in *Die Welt*, 17.11.2001

### Der mit dem Geweih umrührt

Ulli Wenger: Gespräch mit Alfons Schuhbeck am 5.12.2019

Thomas Gottschalk: *Herbstblond*, Heyne-Verlag, München 2015, S. 360 f.

## Eine Mischung aus Elferrat und Zentralkomitee

Gert Heidenreich: *Thomas Gottschalk – Die Biographie*, DVA, München 2004, S. 171–180

Thomas Gottschalk: *Herbstblond*, Heyne-Verlag, München 2015, S. 115–118

»Pfeifen erregen Rundfunkrat«, im *Gong*, 24.12.1983

»Wie mache ich Jungs an?«, in *Augsburger Allgemeine*, 07.06.1989

Thomas Gottschalk: »Vom Elend des öffentlich-rechtlichen Radios«, in *Bild*, 29.07.1989

»Nun endgültig: Gottschalk geht«, in *Abendzeitung*, 23.09.1989

## Grabrede für einen »Schlagerfuzzi«

Thomas Gottschalk: *Herbstblond*, Heyne-Verlag, München 2015, S. 202–204

»Roy Black – Ganz in schwarz«, in *Sächsische Zeitung*, 08.10.2011

Pitt Schuran: »Versteckspiel mit dem toten Roy Black«, in *Augsburger Allgemeine*, 11.10.2014

## Goldlocken und Gummibärchen

Bettina Grosse de Cosnac: *Ein Bär geht um die Welt*, Europa-Verlag, Hamburg 2003, S.160–174

Gert Heidenreich: *Thomas Gottschalk – Die Biographie*, DVA, München 2004, S. 229

Thomas Gottschalk: *Herbstblond*, Heyne-Verlag, München 2015, S. 237–239

## Literaturpapst trifft polnische Pornoqueen

Gert Heidenreich: *Thomas Gottschalk – Die Biographie*, DVA, München 2004, S. 232–234, 273 f.

Thomas Gottschalk: *Herbstblond*, Heyne-Verlag, München 2015, S. 219–225

Martin U. Müller: »Reich-Ranicki lehnt Deutschen Fernsehpreis ab«, bei *Spiegel Online*, 11.10.2008

»Nach dem Polterabend«, in *Leipziger Volkszeitung*, 17.10.2008

Thomas Gottschalk: »Held des Vergebens«, Nachruf auf Marcel Reich-Ranicki in *Frankfurter Allgemeine Zeitung*, 27.09.2013

## Heimlicher Sektenbruder bei Scientology?

Gert Heidenreich: *Thomas Gottschalk – Die Biographie*, DVA, München 2004, S. 241–244

Thomas Gottschalk: *Herbstblond*, Heyne-Verlag, München 2015, S. 324 f.

Christiane Wellmann: »Gottschalk und die Sekte«, in *Bild*, 14.7.1993

»Ist Thomas Gottschalk ein heimlicher Sektenbruder?«, in *TZ*, 14.7.1993

»Sat 1 bringt Gottschalk in Verruf«, in *Abendzeitung*, 14.7.1993

»Der doppelte Gottschalk«, im *Focus*, 19.7.1993

## Heidi, deine Welt sind die Fruchtgummi-Zwerge

Heidi Klum 1992 in *Gottschalk Late Night*, bei YouTube: https://www.youtube.com/watch?v=Z9D-xRw4s9o

Torsten Kräuel: »Heidi Klum – Die Kämpferin«, in *Die Welt*, 21.12.2004

Stephan Paetow, Pia Hart und Meike Respondek: »Nicht dumm, Frau Klum«, im *Focus*, 21.3.2005

Christoph Amend: »Heidi Klum 38«, im *Zeit-Magazin*, 16.2.2012

Carola Sonnet: »Heidi Klum – Die Ich-AG«, in *Frankfurter Allgemeine Sonntagszeitung*, 19.2.2012

Hans Onkelbach und Florian Rinke: »Auf leisen Pfoten«, in *Rheinische Post*, 31.3.2017

Alexander Kühn und Sebastian Späth: »Ich habe eine Zeit gelebt, die rum ist«, im *Spiegel*, 31.8.2019

## Wehe, wenn Schimanski sauer ist

Torsten Körner: *Götz George – Mit dem Leben gespielt*, Scherz-Verlag, Frankfurt am Main 2008, S. 380 f., 403 f.

Thomas Gottschalk: *Herbstblond*, Heyne-Verlag, München 2015, S. 138 f.

»Götz George war in der falschen Show«, in *Augsburger Allgemeine*, 12.10.1998

Götz George 1998 bei *Wetten, dass..?*, bei YouTube: https://www.youtube.com/watch?v=F7YRXFJ5MeY

Götz George 2003 bei *Wetten, dass..?*, bei YouTube: https://www.youtube.com/watch?v=aoL2XrBhjG8

## Tanz der taumelnden Titanen

Dieter Bohlen: *Nichts als die Wahrheit*, Heyne-Verlag, München 2002, S. 273 f.

Thomas Gottschalk: *Herbstblond*, Heyne-Verlag, München 2015, S. 177 f.

»Wetteinsatz an der Uni – Gottschalk liest Bohlen«, bei *Spiegel Online*, 7.11.2002

Gunter Stampf: »Warum küsste Gottschalk Dieter Bohlen?«, in *Bild*, 27.1.2003

Martin U. Müller und Thomas Tuma: »Tanz der taumelnden Titanen«, im *Spiegel*, 2.7.2012

»Dieter Bohlen rechnet mit Thomas Gottschalk ab«, in *Bild*, 9.12.2019

### One-Hit-Wonder mit den »Besorgten Vätern«

Ulli Wenger: »One-Hit-Wonder # 328« in der gleichnamigen Bayern-3-Radioserie

»Ausnahme nur für Thommy«, in *Abendzeitung*, 25.1.2001

»Summen Sie auch schon Gottschalks Lied?«, in *Bild*, vom 15.2.2001

Edo Reents: »Der Sänger, nicht der Song«, in *Süddeutsche Zeitung*, 15.2.2001

»Gottschalk in Nietenjacke«, im *Tagesspiegel*, 19.2.2001

Der Auftritt mit den »Besorgten Vätern«, bei YouTube: https://www.youtube.com/watch?v=bxWbutSE7tQ

### Ein dienstlicher Kuss mit Michelle

»Michelle Hunziker«, bei Wikipedia: https://de.wikipedia.org/wiki/Michelle_Hunziker

Sandra Kegel: »›Erstes Glück‹ schmeckt nach Vanille und Schuhcreme«, in *Frankfurter Allgemeine Zeitung*, 17.3.2000

»Darum hole ich mir Michelle zu *Wetten, dass..?*«, Interview mit Thomas Gottschalk, in *Bild*, 19.9.2009

Christopher Keil: »Kriegsbemalung unterm Vollmond«, in *Süddeutsche Zeitung*, 1.3.2010

Volker Tackmann: »Gottschalk schlägt William als Küsser um 1,7 Sekunden«, in *Bild*, 1.5.2011

S. Kuschel und J. Puthenpurackal: »Der große Gottschalk-Abschied: Hier weint Michelle die ersten Tränen«, in *Bild*, 5.12.2011

Daniel Cremer: »Jetzt sprich! Bohlen!«, in *Bild*, 26.6.2012

»Dieter Bohlen: Wir sind eigentlich unschlagbar«, im *Tagesspiegel*, 30.7.2012

Antje Hildebrandt: »Puffer zwischen zwei Alphamännern«, in *Stuttgarter Zeitung*, 15.9.2012

»Familienfest für Frank Elstner«, in *Süddeutsche Zeitung*, 10.4.2017

Marten Rolff: »Michelle Hunziker über Nähe«, in *Süddeutsche Zeitung*, 6.10.2018

»Top, die Wette gilt – Frank Elstner 75«, bei YouTube: https://www.youtube.com/watch?v=MddiVbnUACA

## Die Tragödie des Samuel Koch

Thomas Gottschalk: *Herbstblond*, Heyne-Verlag, München 2015, S. 159–165

»Samuel Koch«, bei Wikipedia: https://de.wikipedia.org/wiki/Samuel_Koch

»Der Unglücks-Salto, der Millionen schockte«, in *Bild am Sonntag*, 5.12.2010

Tobias Schmitz: »Schluss mit lustig«, im *Stern*, 9.12.2010

Samuel Koch in der *NDR-Talkshow* vom 16.12.2016, bei YouTube: https://www.youtube.com/watch?v=elpbHHz9FA8

## Til Schweiger auf der Flucht

Gottschalk Suite 672: https://www.bayerischerhof.de/de/wohnen-wohlfuehlen/zimmer-suiten/themensuiten/672.html

»Im Bett mit Gottschalk«, in *Bild*, 25.1.2012

»Til Schweiger über die Gottschalk-Suite – ›Das grausamste Zimmer‹«, bei *Spiegel Online*, 5.7.2018

### Wetten, dass Gottschalk auch Spaß versteht?

*Verstehen Sie Spaß?*, »Thomas Gottschalk in der Polizeikontrolle«, in der ARD-Mediathek vom 21.12.2019: https://www.ardmediathek.de/daserste/player/Y3JpZDovL3N3ci5kZS9hZXgvbzExODUxMDE1/

*Verstehen Sie Spaß?*, »Thomas Gottschalk und das Bücherchaos«, in der ARD-Mediathek vom 21.12.2019: https://www.ardmediathek.de/daserste/player/Y3JpZDovL3N3ci5kZS9hZXgvbzExODUwOTU/thomas-gottschalk-und-das-buecherchaos

### Eine neue Liebe ist wie ein neues Leben

Thomas Gottschalk: *Herbstbunt*, Heyne-Verlag, München 2019, S. 246, 253

Jörg Thomann: »Herzblatt-Geschichten: Mit hochrotem Kopf in der Sauna«, in *Frankfurter Allgemeine Sonntagszeitung*, 1.9.2019

»Gottschalk zieht sich überraschend zurück«, in *Die Welt*, 12.12.2019